投票に行きたくなる国会の話

政野淳子 Masano Atsuko

JN262760

★——ちくまプリマー新書

255

目次 ＊ Contents

第四章 行政の活動をみんなで良いものにする……141

イラスト　柚木ミサト

序章

投票する権利を持ったあなたへ

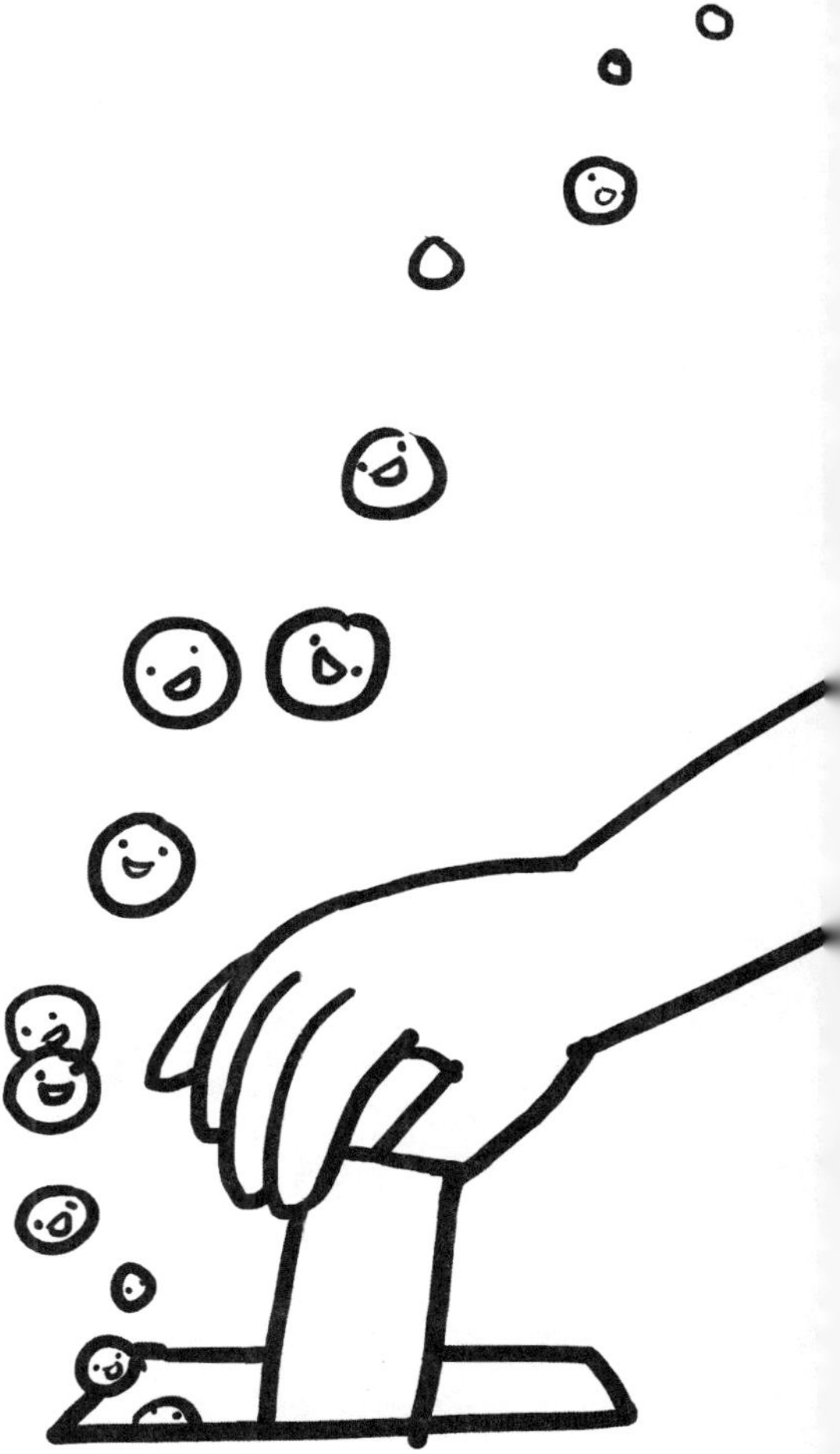

十八歳以上に選挙権

二〇一六年から、選挙権の年齢が十八歳からに広がりました。国会図書館の調べによれば、アメリカ、イギリス、フランス、ドイツ、イタリアなど世界百九十一の国と地域で、二〇一四年の時点ですでに十八歳以上に選挙権がありました。イギリスなどEU諸国では、十六歳以上への引き下げも話し合われています。

日本の歴史に目を転じてみましょう。江戸時代には選挙制度はありませんでした。一八九〇年（明治二十三年）に初めて選挙が行われたとき、投票権を与えられたのは、十五円以上の税金を国に納めている二十五歳以上の男性だけでした。この時の有権者は全国民のたった一パーセント程度だったと言われています。

一九二五年（大正十四年）になると、二十五歳以上の男性の所得制限がなくなりました。そして、収入や性別の差なく、二十歳以上の男女が選挙権を獲得したのは、第二次世界大戦が終わった一九四五年（昭和二十年）です。以来七十年、変わっていなかった選挙権年齢が、公職選挙法の改正で変わったのです。

とはいえ、選挙権を手にしても「誰《だれ》に投票したらいいのか分からない」と戸惑う人も多いでしょう。私も初めての選挙ではそう考えた一人です。投票することとテレビで見る有名な政治家とが結びつかず、選挙にどんな意味があるのか、考えてもよく分かりませんでした。当時は、分からないことは自分の関心の低さのせいだと思っていました。

しかし、今になって思えば、投票年齢に達したのに、そのことがよく分かっていなかったこと自体が、選挙制度の不完全さを示しています。人々は、えてして制度は最初からそこにあるものだと思ってしまい、自分が変える術《すべ》を持っているとは考えないものです。でも、決してそうではありません。法律は、みんなにとって最大限使いやすいものでなければなりませんが、もしそうでないなら、そのことを指摘して、絶えず改善を目指せばよいのです。

国会は何のためにあるのか

国会があるのはそのためで、国の制度を作り、より良いものにしていく役割を担っています。憲法第四十一条が「国会は、国権の最高機関であつて、国の唯一の立法機関である」と定めているように、立法、つまり国の制度を作ることが、国会が果たす役割の中で最も重要な仕事です。

小学校や中学校で「三権分立」を習うと思いますが、行政と司法と立法（国会）は、並列に並んでいるわけではありません。選挙で議員が選ばれる国会を「国権の最高機関」として、行政も司法も、最終的には国会が成立させた制度（法律）に従って、その仕事を行います。

もちろん、その国会でさえ、人間の集まりに過ぎず、間違うことがあるために、司法が存在します。国会が作った法律が憲法に合っているか、違反しているかは、憲法第八十一条を根拠にして、最終的に司法が判断します。また、国会が作った法律を運用して行政が行った仕事が憲法に合っているものか、そぐわないものかも、最終的には司法が判断します。

もしも、裁判で裁判所が「違憲」であると判断すれば、国会は立法を、行政はその仕事のやり方を、それ以降は正さなければなりません。

なお、世界を見渡すと、立法の違憲審査を行う「憲法裁判所」や、行政行為の違法性や違憲性を判断する「行政裁判所」を作った国もあります。日本は司法裁判所が立法と行政の違憲性も判断しますが、国会や行政には控えめな判断しかしない「司法消極主義」の国として知られています。

一方で、最高裁判所の裁判長は内閣が指名し、最高裁の裁判官は就任後に初めて行われる衆議院議員選挙の時に投票によって国民審査を受けます。また、問題のある裁判官を罷免する弾劾裁判所は国会にあります。戦後から現在に至るまで九件の弾劾裁判が行われています。最近では二〇一二年に大阪《おおさか》地方裁判所の判事補が、走行中の電車内で女性のスカートの中を携帯電話で盗撮し、弾劾裁判を受け、罷免されました。

人間は間違いを犯すことを前提に、三つの権力が独善的に暴走しないよう、互いがチェックし合うように制度が作られてきました。そして、大切なことは、判断の基本が憲法にあることです。それが法治国家にとって最も大切です。

「法治国家」を守るのは国民の役割

民主的な法治国家とは、気まぐれな王様が統治したり、奴隷制が許されたりする社会ではありません。現代の日本では「国民主権」「基本的人権の尊重」「平和主義」が「憲法の三原則」として謳《うた》われ、国民が選挙で選んだ国会議員によって、すべての法律は憲法に従って作られます。憲法と法律に従って国家が運営され、権力がそれに従わない場合は、法律に基づいて司法によって裁かれるのが「立憲主義」です。そして、立憲主義に基づいて運営される国を「法治国家」と言います。

「政治」とは、「政《まつりごと》を治める」ことですが、政《まつりごと》とは、異なる考えを持つ人々の意見の調整です。その時に、意見調整の仕方が公平で、権力をふるう人間の独断で恣意的に行われることがないよう、権力を憲法で縛るのです。

たとえば、選挙で政権を取った人たちは、自分たちが多数派だからといって、憲法に違反した法律を作ることはできません。「ワタシの政権でワタシが決めたからそれでいいのだ」というような国の治め方は「独裁国家」や「人治国家」と呼ぶべきものです。

憲法を変える時には、憲法第九十六条に定めるように国会で三分の二以上の議員が賛成した上で、「日本国憲法の改正手続に関する法律」に基づいて国民投票を行って、満十八歳以上の国民の過半数の賛成を得なければなりません。

法律を変える時には、国会で過半数の議員の賛成で変えることができますが、憲法は第九十八条で「国の最高法規」とされ、権力を縛るためのものであるため、改正の手続きを厳しくしてあります。選挙で選ばれた政治家の多数決では変えられないよう歯止めがかけられているのです。まして、憲法が禁じていることを可能にする法律を作ることはできません。

ただし、物理的には、独裁者が現れて多数派を国会で形成し、法案を提出して多数決で法律を通すことは可能です。しかし、その時は、国民が憲法に基づいて、司法を使って国家を訴えなければなりません。憲法第九十八条には、憲法に「反する法律、命令、詔勅及び国務に関するその他の行為の全部又は一部は、その効力を有しない」と書かれています。また、憲法第十二条は、「この憲法が国民に保障する自由及び権利は、国民の不断の努力によつて、これを保持しなければならない」と私たち国民に憲法を守る行動を委ねているからです。

「不断の努力」のためには、主権者である国民が絶えず「政権」を監視していなければなりません。ただし、一般の人が年がら年中、政府を監視しているのは大変ですから、そのために報道機関が存在します。

健全な法治国家であるためには、関心の高い国民と、意識の高い報道機関が不可欠です。

人は一人で生まれて一人で死んでいくわけではない

こうして権力を抑制し合って成り立つ国の役割とは何でしょうか。その前に、国民とは誰でしょうか。主権者とは誰でしょうか。それは「納税者」と同義語ではありません。子どもや学生や、お年寄りや病気で働けない人も、納税ができない人もみんな含めて国民です。民主主義とは国民がみんな主役となって物事を決定していくことが大切だと考えるさまを言います。

民主政治とは、みんなのためのルール作りをする上で、できるだけ多くのみんなを巻き込んで、多くの意見を取り入れて、誰かが極端に得をしたり損をしたりしないように、話し合って決める場だと言っても言い過ぎではありません。

なぜなら、誰もが一人で生まれて一人で死んでいくわけではないからです。人は自然の恵みを食べて衣服を着て暮らす存在で、人との関わりなしで生きていける人は一人もいないからです。社会についての情報をみんなで共有し、みんなで助け合えば、より賢い解決策を見つけ出すことができるからです。

もしも、その逆で、一部の人だけが「みんな」と思う一部の人だけを「これで全員だ」と考えて物事を決めてしまっては、その決定は一部の人にだけ都合のよい解決策になってしまうかもしれません。一番困っている人が見えないままで、「これで全員だ」と決定されれば、問題解決とならないばかりか、社会の問題を悪化させる原因となることもあるでしょう。

また、解決策の実行にはお金（予算）が必要ですが、それをどのように集めて、どのように配分するかを注意深く「みんな」で決めないと、その負担（税金）が偏ったり、配分が必要な問題や人に行き渡らなかったりすることがあるからです。

少なくとも現在、日本には一億二千万人余もの人がいて、全員がそのことを一斉に話し合うことができません。その難題を解くためには、代表を選んで、その選ばれた代表が「みんな」とは誰かを話し合い、誰が最も困っているのかを見極め、何を最優先に解決するか、そのお金をどのようにして集めて使うかを決定する場が必要です。
国会とはそうした場であり、「政治」とは結論を出すための意見調整を行うものです。

国会の歩き方を知る

この本では、投票する権利を持ったあなたが選んだ国会議員が政治（意見調整や合意形成）をする場である「国会」で果たす数々の役割について、できるだけ分かりやすく書いていきます。

第一章では、政治参加について、第二章では立法について、第三章では予算について、第四章では行政監視について、そして第五章では国会を通じて司法を変えることについて、各章ごとに、その理想と、現実と、今後のための提案を、紹介したいと思います。

国会の動かし方を知っても、権力を持たない一人にとっては、実際に動かすとなれば容易なことではありません。しかし、それでも、動かし方を知ってもらい、知る人が増えることによって、投票だけでは辿《たど》りつかない世界に辿り着いてもらいたいと思います。

入口（投票）と出口（国の形としての社会）の間にある、迷路のようにしか思えないかもしれない国会の歩き方を知っていただきたいと思います。

私がそう思うようになったのは、国会で約四年間、国会議員の政策担当秘書として働いた経験からです。法律はすべての人になんらかの形で影響するものであるにもかかわらず、国会では、いとも簡単に、「みんな」にしっかり知らせることもなく、「みんな」の意見を促すこともなく、毎年何本も新たな法律が誕生していました。その実態を、これからの有権者に知ってもらいたいと思います。

なぜなら、それらが、ほんの一握りの人たちの利益になるための制度作りや制度改正（悪）であることが少なくないからです。今ある制度ですでに何らかの利益や権利を得ている少数の「既得権者」の意見を最大限に反映して成立し、この国が作られがちだからです。

それが政治の理想であるとは思えません。理想は、「みんな」で決めることです。みんなが、この国がどのようにできているかを知り、どのような国を作りたいか意見を言う機会が守られていることが理想です。

投票の向こう側にある、一歩先の世界を知って、理想を引き寄せることのできる人を増やしたい。大きな野党のベテラン議員と、なんでもやらなければならない小さな野党の新人議員のもとで見たり、学んだり、知りえたり、実践してきたことを、この本の中に投入したいと思います。

あなたが、あなたの一票を最大限生かす踏み台として、この本が少しでも役立てばと切に願います。

第一章　国会を動かす

1　憲法が保障する政治参加

デモも選挙もどちらも政治参加

二〇一二年三月二十九日以降、毎週金曜日には、官邸前でデモが繰り広げられました。福島の人々のふるさとを犠牲にした東京電力福島第一原発事故は、その危険性に無関心だった人々の目を覚ましました。同年六月二十九日には、原発の規制が未強化の中、政府が関西電力の大飯《おおい》原発の再稼働を認めたことに抗議し、二十万人とも言われる人々が国会周辺に押し寄せました。さらに、七月十五日には代々木公園に十万人が集い、抗議の声を上げ、まるで野外ロックコンサートのようでした。

政策転換を求める声が、かつてない規模で「見える化」されました。その様子をインターネット・メディアや、フェイスブックやツイッターなどのSNS（ソーシャル・ネットワーキング・サービス）が広めました。

それを見ながら「デモで政策が変わるのか」と思った人も、「選挙の投票行動に結びつかなければ意味がない」と思った人もいたでしょう。一方で「選挙で一票を投じたところで何が変わるのか」と思う方もいるでしょう。

しかし「デモ」も「選挙」も、どちらも政治参加の形です。どちらがより優れているというわけではなく、異なる政治参加の在り方です。また、他の政治参加の形もあり、そのすべての力を意識して活かさなければ、国や国会を動かすことなどできません。

小さなボートなら一人で漕《こ》いで進む方向を変えられても、巨大な大型タンカーは櫓《ろ》で一漕ぎ二漕ぎしても、その進む方向を変えられないのと同様です。あらゆる力を活かさなければ、動くものも動きません。さらに言えば、国会はそもそも国民一人ひとりが、動かすべきものだという意識が希薄であれば、何も始まりません。国会とは動くものであり、動かすものであり、その動かす方法があるということを知ることが大切です。

この章では、「国会を動かす」前提となる政治参加について見ていきましょう。

国会議員は国民が選ぶ特別職の公務員

日本国憲法では、自由な政治参加を促したり保障したりする文言が数カ所にわたって書かれています。

憲法前文は、「日本国民は、正当に選挙された国会における代表者を通じて行動し」という一文で始まっています。「選挙」については第十五条で「公務員を選定し、及びこれを罷免することは、国民固有の権利である」とされ、「公職選挙法」で具体的に定められています。選挙への関わり方には二通りあり、一つは十八歳以上で選挙権を行使すること、一つは立候補して被選挙権を行使することです。国政選挙なら、衆議院で二十五歳以上、参議院で三十歳以上が、被選挙権年齢です。政治家になるために被選挙権を行使することは、政治参加の中でも最も直接的な形態ですね。国会議員は「国家公務員法」で特別職の国家公務員であるとされています。

政治家になることは、自分の時間を、社会の意見調整や合意形成のために費やす選択をすることです。

集会、結社、言論、出版も広い意味での政治参加

政治参加にはそれ以外の方法もあり、憲法には国民が「政治参加」をする自由と権利を国に保障させる文言が、随所に書き込まれています。

第十一条には「この憲法が国民に保障する基本的人権は、侵すことのできない永久の権利として、現在及び将来の国民に与へられる」とあります。基本的人権とは、第十三条にある「個人として尊重される。生命、自由及び幸福追求に対する国民の権利」などを含んでいます。第十四条では国民はすべて「法の下に平等」であること、「人種、信条、性別、社会的身分又は門地《もんち》により、政治的、経済的又は社会的関係において、差別されない」ことを定めています。ちなみに「門地」とは家柄のことです。

また第十六条で「何人《なんぴと》も、損害の救済、公務員の罷免、法律、命令又は規則の制定、廃止又は改正その他の事項に関し、平穏に請願する権利を有し、何人も、かかる請願をしたためにいかなる差別待遇も受けない」と定めており、国に働きかけをする自由を保障しています。

第十九条では「思想及び良心の自由は、これを侵してはならない」とされ、ここでも、「思想及び良心」に基づく政治参加の自由を国民に保障しています。

それらすべての土台となる条文が第二十一条です。「集会、結社及び言論、出版その他一切の表現の自由は、これを保障する」というものです。

「集会」には、不特定多数の人に向かって社会的なメッセージを発し、広げるための集会から、知り合い同士で作る小さな集まり、社会について学び合う学習会やシンポジウムも含まれます。集会の開催も政治参加の一形態です。デモやデモ行進も、この第二十一条で保障されています。もちろん、参加しない自由も保障されています。

「結社」には、政治的、経済的、文化的、社会的な組織、その他のさまざまな目的を持つ法人や団体、組織やグループなどを作る自由も含まれています。

「言論、出版その他一切の表現の自由」は、新聞、ラジオ、テレビ、雑誌、書籍など従来型の報道機関や媒体、歌や写真や絵画、演劇や映画や教育、それぞれの表現方法を通しての政治参加が保障されていることになります。SNSを通じて、情報やメッセージを共有することも政治参加たりえます。私たちが「政治参加」と意識せずに行う言動も、結果的に国に作用する政治参加である場合があります。

重要なことは、そうした政治参加につながる自由と権利を、国は国民に保障しなければならないことです。一方で、憲法が国民に求めていることは次のことです。

第十二条「この憲法が国民に保障する自由及び権利は、国民の不断の努力によつて、これを保持しなければならない」

もしも国家が憲法に反して、国民の自由と権利を奪うようなことがあれば、国民は「不断の努力」でそれを守らなければなりません。この基本を踏まえて現実を見てみましょう。

2 実際に政治に参加するってどういうこと？

「ベルリンの壁」崩壊は反政府デモがきっかけ

憲法第二十一条で保障された「表現の自由」は、現代に生きる私たちにとっては、わざわざ憲法を持ち出さなくても当たり前の権利のように感じてしまいます。でも、実は当たり前のことではありません。時代や国によっては、それが命がけの政治参加となることもあります。まずは、そのことを、海外の事例をもとに考えてみます。

一九八九年六月四日、中国の首都、北京では、改革派指導者だった胡耀邦《こようほう》・元総書記の追悼集会をきっかけに、それが、民主化を求める学生たちによるデモとなりました。天安門広場を平和的な学生のデモ隊が埋め尽くしましたが、その自由を中国政府が認めず、無差別の銃撃や戦車の出動で、死者三百人以上とも言われる犠牲者が出ました。天安門事件と呼ばれています。

同じ一九八九年、ドイツでは、反政府デモが一つの引き金となって「ベルリンの壁」が崩壊しました。ベルリンの壁とは、冷戦時代の一九六一年に旧東ドイツの国境警備隊が作った高さ三メートルの壁でした。第二次世界大戦が終わった後の国際社会で、米国を中心とする資本主義国と、ソビエト連邦を中心とした共産・社会主義国とで対立が起き、互いに陣営の拡大を狙《ねら》い続けた時代です。壁は、旧東ドイツが、旧西ドイツへ逃げ出す自国民を閉じ込めるために作ったものでしたが、その壁を乗り越えて逃亡しようとする人は後を絶たず、殺された人々の数は百三十六人と記録されています。

ドイツ大使館の資料によれば、壁崩壊のきっかけは、その七年前の一九八二年九月、旧東ドイツの都市ライプツィヒのニコライ教会で行われていた「平和の祈り」に続いて始まった「月曜デモ」でした。当初は一千人程度のデモでした。このデモでは、旧東ドイツ政府の監視や妨害を受けながらも、「出国の自由」、「言論の自由」、「政治改革」を求める人々の声はやみませんでした。一九八九年十月には、デモの規模は最大規模に盛り上がりました。東ドイツ全土に飛び火し、政権内部でもほぼ同時並行で改革派が力を持ちました。また、ハンガリーなど先に改革が始まった近隣国が、旧東ドイツ国民の旧西ドイツへの越境を、経由国として助け、「ベルリンの壁」を形骸化《けいがいか》させました。

最後の引き金は、翌十一月四日、旧東ドイツ史上最大と言われる六十万人もの反政府デモでした。十一月九日、旧東ドイツ政府の政治局員が「国外への個人旅行は、条件（渡航目的および親戚《しんせき》関係）を提示しなくても申請でき、許可は短期間で出される」と読み上げるや、大勢の人々が国境検問所に詰めかけ、国境の遮断棒を上げさせました。翌日、それを知った数十万人の人々が押し寄せて、壁を文字通り壊し始めました。これが、「ベルリンの壁の崩壊」です。翌一九九〇年、旧東ドイツは消滅し、東西が統一したドイツが誕生しました。デモに立ち上がった人々の政治参加がなければなかった成果です。

二〇一一年には「アラブの春」と名付けられた反政府デモが、北アフリカと中東で多発しました。その結果、日本の外務省のまとめによれば、チュニジアでは二〇一一年一月に二十三年続いた独裁政権が崩壊し、選挙による新政権が十二月までに始まりました。エジプトでも二月に三十年の長期政権が崩壊、暫定軍事政権を経て二〇一五年十月から十二月までに議会選挙が実施されました。リビアでは武力闘争の末、二〇一一年八月に四十二年続いたカダフィ政権が崩壊、二〇一二年七月に議会選挙が行われました。

しかし、最悪の結果をもたらした国もあります。シリアです。同時期に反政府デモが起きましたが、現アサド政権がデモを弾圧し、二〇一二年五月までに把握されただけで死者は九千人以上とされています。周辺国には四百万人とも言われる難民が押し寄せ続ける事態になっています。国連では、現シリア政府に民衆への弾圧即時停止を求める決議案が提案されましたが、ロシアと中国が反対して否決、一方で、米国などが現政権と対立するテロ組織「ＩＳ」へ空爆を行って、一般市民も被害を受けています。国際社会の介入により、シリア国民が民主化を求めたはずの「アラブの春」とはかけ離れた展開になっています。

国会包囲デモは規制線だらけ

日本ではどうでしょうか。デモを行っても銃口を向けられることはありませんが、日本ならではの状況があります。欧米では公道一杯に広がってデモが開放的に行われることもあるのに対して、日本では平和的なデモを行う国民の自由と権利が尊重されているとは言いがたい状況を目にします。

たとえば、国会周辺で行われる「抗議デモ」に参加すると、警官が、国会議事堂前駅の一番便利な地下鉄出口からは出られなくしていたり、国会周囲をグルリと回る歩道を鉄柵《てっさく》で防御して歩けなくしたりと、不可思議な規制に遭遇します。また、時には、永田町駅前から国会正門前に向かう横断歩道を、「あちらは人が一杯でもう行けない」とウソまでついて、警官がデモ参加者を制止することも珍しくありません。

また、日曜日の国会前は普段から車がほとんど通らないので、デモの時間帯だけ車を規制し、道路を歩行者に開放した方が合理的で安全で気持ちが良いにもかかわらず、大型バスサイズの警察車両を、歩道と車道の間にズラリと何台も停車させて視界を妨害し、歩行者を細い歩道に押し込めます。国会議事堂の側には一切、歩行者を寄せ付けません。私服警察官がデモ参加者の顔写真を撮っていることも目撃されています。

デモは実演などを意味する「デモンストレーション」の略語で、いわば、政治的意思の実演です。主催者が呼びかけ、大勢の賛同者が集まってはじめて成立する知的な政治参加です。多くの人々の共感を呼ぶことができなければ、大規模なデモにはなりません。

ところが、日本語では「集団示威運動」など恐ろしい響きのある言葉で訳されています。

また、各都道府県にはデモの主催者が届け出るための条例がありますが、「首都」を守る責務も担う東京都の「警視庁」では二通りのデモの扱い方が混然としています。

デモ行進は銃刀所持と同じ扱い

一つは「集会、集団行進及び集団示威運動に関する条例」に基づく取り扱いです。一九五〇年にできたこの条例は通称「東京都公安条例」とも呼ばれます。デモの主催者に七十二時間前までに東京都公安委員会に許可を申請させる制度です。先述したように、デモは本来、憲法第二十一条で保障され、その第二項で「検閲は、これをしてはならない」と定められているため、デモを許可制にすることは「検閲」にあたると過去に裁判所が判断しています。ただし、申請者がデモを行う日時や場所を示して申請すれば、公安委員会は、それが周辺に「直接危険を及ぼす」ことが明らかな場合以外は「許可しなければならない」とされているので、実質的に「届出制」だと理屈づけられ、憲法違反とまでは言えないという考えです。

もう一つは国会周辺デモに対する扱いです。警視庁は、国会周辺デモを「デモ」ではなく「要請行動」であると理屈づけて、条例による許可を求めていません。デモ主催者も「あれは抗議行動」なのでデモの届出はしていないと言います。それはそれでよいことのように思えます。

それでは、届出もないのに待ち構えたように警察車両が配置されるのはなぜなのか。そう問うと、公安条例担当者は、あれは警視庁警備一課が「要請行動」の情報を独自に収集して行っているのだと述べるのです。つまり、デモの動きを絶えず監視しているというわけです。

二つの扱いは、行進を行うかどうかの違いのようです。「デモ隊」が行進する場合は、警視庁まで出向いて警備一課と顔を突き合わせて事前申請することが求められます。ちなみにお祭りを行う時などの単なる道路使用許可の申請なら申請のフォーマットが警視庁のウェブサイトに掲載されていて、企画者はあらかじめ書いて、警備一課に提出できることになっています。しかし、デモの申請許可書はウェブサイトに載せず、警備一課の目の前で「やり取りしながら」書かせるのだと言います。書いて持っていける方が効率的ではないかと聞いても、「載せない」としか言わず、「なぜデモだけ、警備一課の前で書かねばならないのですか」としつこく尋ねると、ようやく「デモだけじゃない。銃刀所持の許可書も目の前で書かせる」と言うのです。警視庁の担当者にとっては、「デモ」は憲法第二十一条の保障の対象ではなく監視対象で、かつ、手続の上では、道路使用よりも銃刀所持に近いものとして認識されていることが分かりました。

過剰な規制に日弁連が警告

実は、そんな警視庁の認識が垣間《かいま》見られる事件も起きていました。日本弁護士連合会(以下、日弁連)が二〇一五年三月十一日に、反原発デモを巡って警視総監や東京都公安委員会委員長に警告書や要望書を送った事件です。

日弁連とは、日本全国の弁護士や弁護士会が登録している組織ですが、その日弁連の調査報告書によれば、事件は、原子力発電の廃止を求めることを目的とするデモ行進を二〇一一年九月十一日に行ったことを巡って起きました。

デモ主催者が条例に基づく許可申請を行ったところ、警視庁警備連絡係との事前協議で大幅なコース変更を求められました。次に、一部コースを変更して申請したところ、開催日の二日前になって「公共の秩序を保持する」ことを理由に、コースの大幅変更を条件として許可が出ました。実際のデモ行進では、デモ隊の両側を警官がはさみこみ、デモ参加者と一般の見物人を分断しました。そのことに抗議したデモ参加者が警官と接触し、十二名が都条例違反と公務執行妨害の容疑で逮捕されてしまったのです。

結果的に誰《だれ》も起訴されませんでしたが、日弁連は、これはデモ行進の自由の侵害であると判断して警視総監や東京都公安委員長に「過剰な規制行為及び不当な逮捕を今後行わないこと」などを警告・要望しました。

こうした状況を踏まえると、「デモで政策が変わるのか」を問う前に、現場の警官たちが「憲法第二十一条」をどう遵守しているのかが問われなければならない時代かもしれません。憲法第九十九条で、すべての「公務員は、この憲法を尊重し擁護する義務」を負うとされていますが、権力を持つ側が、「公共の秩序」という漠然とした理由でデモを規制することに異を唱えることができる人間になっておくことは、大切なことです。

デモは、意識の低い警官にとっては面倒や厄介なことであり、ある時は政権にとって不都合な存在であり、ある時は政策転換を促す存在です。デモの自由と権利が守られるかどうかは、民主的な国家かどうかを測るバロメーターかもしれません。

あなたの選挙区に現れた候補者が、果たして民主政治について真剣に考えたことがある人かどうか、手っ取り早く知りたいと思う場合は、勇気を出して「ちょっと質問があります」と前置きをして、こんなことを聞いてみてはいかがでしょうか。

「デモをする権利は憲法によって保障されていますか？」

もしも、その答えが、「憲法で保障されているにもかかわらず、自治体の条例で手続き上は「許可制」となっているため、制度としては課題がある」などであれば、民主政治について絶えず物事を考える努力をしている人だと分かります。また、すぐに答えが出てこなかったにしても、ごまかさずに「調べてお答えします」などと率直に言って、後日答えてくれたとしたら、人間的には信頼できるのではないでしょうか。

被選挙権の行使は新人の無所属に不利

さて、デモと違って選挙なら、制度として問題なく運用されているかと思えば、全くそうではありません。

序章で書いたように「誰に投票したらいいのか分からない」と有権者が迷うのは、実は、選挙制度の不完全さを表しています。判断するための時間や環境が公職選挙法で確保されていないことを意味するからです。誰に投票すればいいか、判断に使える時間は極端に短いのです。国会での自分の代弁者を選ぶ大切な手続きなのに、候補者の中から衆議院議員を選ぶ時間はたったの十二日、参議院議員を選ぶ時間はたったの十七日しかありません。これは候補者が立候補を届け出る日から投票日までの日数で、その間、私たち有権者が候補者たちのことを知る機会は、選挙公約や政見放送ぐらいで、限られています。一体なぜ、こんなことになっているのでしょうか。

公職選挙法は、「民主政治の健全な発達を期することを目的」にして、一見、誰にでも平等な制度に見えています。しかし、実際は、現職の政党議員に有利で、新人の無所属候補者には不利な制度です。

その一つが「選挙期間」です。「選挙期間」があるということは、それ以外の期間に選挙運動をやってはならないことを意味します。ところが、現役の議員や政党なら、「政治活動」と称して、日頃《ひごろ》から顔や名前を売ることができます。国政の報告会やニュースレターやメルマガ、ツイッター、ホームページで実質的な選挙運動が可能です。そのこと自体は悪いことではありませんし、どんな政策に対してどんな考えを持っているのか、わかりやすく伝えてくれなければ困ります。

しかし、それでは新しい候補者には不利です。新人はどんなに社会的に重要な活動を行っているとしても、自分を政治家の「候補者」として認識してもらう活動は選挙期間以外にはできません。

また、選挙期間が来ても、大政党に有利、無所属の新人候補者に不利な壁が立ちはだかります。

たとえば選挙運動のツールであるはずの候補者ポスターです。選挙期間になると、町のあちこちで見かけますが、あれは、候補者の陣営が一枚一枚、選挙期間中に貼《は》るものなのです。つまり、人手の多い大政党なら、あっと言う間に貼り終わりますが、無所属新人ならポスター貼りを諦《あきら》める候補者もいます。すると、立候補していることを知ってもらう機会すら減ってしまいます。

もう一つ厄介なのが、道行く人に配る「選挙ビラ」です。選挙ビラは平等に同じ枚数になるように工夫がされています。ただし、その工夫とは、立候補の届出をした日に、選挙管理委員会からその場で「証紙」と呼ばれる小さなシールが同じ枚数だけ配られることです。各候補者の陣営は自分で選挙ビラにその証紙を貼らなければ配れないのです。その平等な枚数とは、衆議院小選挙区なら七万枚、参議院比例代表なら二十五万枚、選挙区なら十万枚と尋常な数ではありません。

選挙運動用の葉書も選挙期間中に出せますが、相手の住所が分かっていなければ出せません。郵便局に配達してもらわなければならない制度で、勝手に近所に配ることはできません。

つまり、今日からやっと選挙運動ができるという日に、選挙陣営は、町中にポスターを貼り回り、さらに何万枚もの選挙ビラに証紙を貼って、葉書を出して、それからやっと町へと繰り出すのです。たった二週間前後しかない選挙期間の最初に、ヨーイドンで始まる障害物競走のような作業があるのです。

二〇一三年以後の国政選挙でインターネットによる選挙運動が解禁になりましたが、長年その解禁を阻んだのは、「インターネットを使わない候補者に不利だ」という現職議員の反対でした。自分たちに不利な制度は阻み、有利な制度を現職の議員たちは温存しがちです。

公職選挙法はわかりにくい

選挙に関しては、もうひとつ大切な政治参加の形があります。選挙運動の応援です。ところが選挙運動は、選挙に慣れていない者にとって分かりにくい禁止行為がある制度です。

公務員や教育者による地位を利用しての選挙運動は禁止。未成年者の選挙運動は禁止だけど、選挙運動の労務なら良い。戸別訪問は禁止だけど、自分の家に来た人や友だちや知人に投票を依頼することや、バスや電車で会った知らない人に投票を依頼することはOK。誰が当選するかを予想する人気投票のようなものの経過や結果を公表することは禁止。選挙事務所などでは飲食物の提供は禁止だけど、お茶やお茶菓子程度ならOK。

自動車を連ねて「気勢を張る行為」は禁止。名前の連呼は禁止だけど、朝八時から夜八時の間に、自動車か船の上、演説会場や街頭演説でならOK。電話で投票や応援を呼びかける活動にアルバイト代を支払うのはダメだが、中にはアルバイト代を支払ってもよい労務もある。やっていいことと悪いことの区別がわかりにくく、一歩間違うと、公職選挙法違反になってしまいます。立候補する側から見れば、選挙運動にたくさんの人を巻き込みたいけれど、選挙制度に詳しくない人には気軽に頼めない厄介《やっかい》な制度です。

過去に都知事選で起きた事件ですが、選挙ビラを、オートロックのない団地の郵便受けにいれようとした人が住居侵入容疑で逮捕されたことがありました。逮捕された陣営が「選挙活動の妨害だ」と抗議をしましたが、「新人候補者の選挙運動は公安当局に見張られている」という話は、なぜか全国でよく聞く話です。

「盗っ人にカギ」のような選挙制度

このように現職と政党に有利な選挙制度ですが、極めつけは、一定の票が取れなかった場合に没収される供託金です。立候補に挑戦しても、たとえば衆議院の小選挙区では、有効投票数の十分の一に満たないと、納めておいた三百万円が没収されます。

供託金は選挙区の種類によっても違いますが、複雑な上、いずれも高額です（図表1の1）。この供託金とポスターやビラの製作費、選挙事務所の家賃や電話代などをあわせると、国政選挙では一候補者につき一億円かかるとも言われています。

なお、衆議院と参議院の比例区に無所属の候補者は立候補できません。政党であっても所属議員が五人以上いることなどの要件を満たす必要があります。参議院比例区は政党以外なら最低十人以上の候補者を立てなければならず、供託金だけでも最低六千万円が必要です。

他国では供託金の制度自体がないか、あってもせいぜい数万円です。供託金は面白半分で立候補できないように設けられたと言われますが、日本の被選挙権は、まるで所得制限のあった戦前の選挙権のようです。

そう考えれば、たった二週間前後で何万人もの有権者に自分の存在や目指す政策を知らせ、一票を投じてもらう被選挙権の行使は、まるで大金をかけたギャンブルです。

だからこそ、選挙のたびに、「なんでこの人が」と首を傾《かし》げるようなスポーツ選手や

図表1の1　選挙の種類で違う供託金

<table>
<tr><th colspan="2" rowspan="2">選挙区の種類</th><th rowspan="2">供託金</th><th rowspan="2">没収点（＊）</th><th colspan="2">被選挙権（○＝有、×＝無）</th></tr>
<tr><th>政党</th><th>無所属候補</th></tr>
<tr><td rowspan="3">衆議院</td><td>小選挙区</td><td>三百万円</td><td>有効投票数の十分の一</td><td>○</td><td>○</td></tr>
<tr><td>比例区</td><td>六百万円</td><td rowspan="2">（比例人数×六百万円＋小選挙区人数×三百万円）＞（小選挙区当選数×三百万＋比例区当選×六百万円×二）の時、その差額</td><td rowspan="2">○</td><td rowspan="2">×</td></tr>
<tr><td>比例区と小選挙区の重複立候補</td><td>六百万円</td></tr>
<tr><td rowspan="2">参議院</td><td>選挙区</td><td>三百万円</td><td>有効投票数を議員定数で割った数の八分の一以下</td><td>○</td><td>○</td></tr>
<tr><td>比例区</td><td>六百万円</td><td>（比例人数×六百万円）＞［（比例区人数－比例区当選者×二）×六百万円］の時、その差額</td><td>○</td><td>×</td></tr>
</table>

（＊）供託金が返還されない得票数や供託金額など

総務省選挙課より聞き取り筆者作成

タレントを、既存政党は候補者として引っ張り出してきます。有名人は、「出馬するらしい」という段階からニュースに取り上げられるので、マスコミが、公職選挙法で禁止している事前運動の規制の穴をかいくぐって、事実上、手伝っているようなものです。

名の知れた議員の子ども（二世）や孫（三世）が後継者として出てくるのは、俗に言う看板（知名度）、鞄《かばん》（政治資金）の他、地盤（票田）を合わせた「三バン」が揃《そろ》っていて当選しやすいからです。

その真逆にあるのが、無所属の新人の候補者であり、選挙期間にだけ突然のように現れて、選挙カーで名前を連呼し続けるだけでは、有権者にとっては信頼をおけない人物に思えてしまいます。

選挙制度や運用を公正なものにするには、選挙期間の見直しや、ポスターもビラも選挙管理委員会が一斉に印刷したり、貼り出したりするなど、公職選挙法を改正しなければなりませんが、それができるのは、この不公平な制度を乗り越えて議員になれた人だけです。「盗っ人にカギ」という言葉に喩《たと》えるのはふさわしくないかもしれませんが、国会に入るカギ（公平な機会）を握っているのは現職の国会議員なのです。

「政治資金規正法」から見る被選挙権

現職が有利なのは、平等になるように「政治資金規正法」で規制されている「政治資金」でも同様です。「金権政治」という言葉を聞いたことがあるでしょうか。富んでいる人々が財力にモノを言わせて影響力を持つ政治のことです。それでは困るので、政治資金規正法の改正などで改善を加えたはずなのですが、是正されていません。

たとえば一九九四年の改正で、企業・団体からの献金は表向きは廃止にしました。ところが、廃止されたのは、政治家個人の政治団体向けのみで、政党や政党支部なら受け取れるという抜け穴を残しました。政党所属議員たちは、自分が代表を務める政党支部で企業献金を受けることにしたので何も変わらず、無所属議員だけが規制されています。

規制は、政治献金をする側にもあります。お金持ちだからと言って政治献金を無制限にすることはできません。ところが制限は受け取る対象によって格差があります。政党や政党の政治資金団体なら二千万円まで、政党に属さない候補者なら一千万円までと、前者に有利です。

また、企業の規模に応じて献金額にも差があり、大企業ほど大きな札束を政党に割り振れる仕組みです。資本金十億円未満の企業なら七百五十万円まで、資本金一千五十億円以上の大企業なら一億円まで献金することが可能です。

企業献金を「廃止」する代わりに導入された政党助成金は、国民一人あたり年二百五十円の計算で、得票数に応じて国の予算から「政党交付金」を配る仕組みですが、名前の通りで政党にだけ配られるため、政党に有利な制度です。

二〇一五年九月に総務省が公表した政党助成金の額は、自民党が百五十八億円、民主党（現在の民進党）が六十七億円、公明党が二十六億円と、国民から見れば国民の税金が自動的により大きな政党を応援する制度です。国会議員が五人以上いるか、または選挙での得票率が二パーセント以上ある場合以外は政党とみなされず、交付はありません。国民の側で、既存の政党にない、新しい政治家を育てたいと思っても、無所属議員には新人でも現職でも、政党助成金は一円たりとも配分されません。

「国民には政党を支持する自由も支持しない自由もある」として政党助成金を受け取らないことに決めている共産党以外の政党は受け取っています。

選挙制度をより公正にするなら、「政党助成金」はやめて、お金がなくても立候補できる制度への改正が必要ですが、そのカギも国会が握っています。

政治不信で投票率は五割台に急落

国会でやってもらわねばならないことはたくさんあるのですが、人々の期待が低いことは投票率の低さからも分かります。有権者が国会を動かす力が弱くなっているとも言えます。みんなのための政治が一部の偏った人のための政治になりかねない状態なのです。このことはこの国に暮らす人が、この国の政治参加について十分な教育を受けていないことも一因です。しかし、教育のせいだけでもなさそうです。

第二次世界大戦後、一九四六年に行われた初めての衆議院選挙での投票率は、七二・〇八パーセントです。史上最高の投票率ですら七六・九九パーセント、第二次岸信介《きしのぶすけ》内閣を誕生させた一九五八年の選挙の時でした。一九六四年に初めて投票率が七割を切り、第二次海部俊樹《かいふとしき》内閣を誕生させた一九九〇年の七三・三一パーセントを最後に、投票率は下降傾向にあります。

一九九三年に非自民党政権である細川護熙《ほそかわもりひろ》内閣を誕生させたのは六七・二六パーセントの投票率によるものでした。しかし、自民党が政権を奪還すると、一九九六年の選挙では五九・六五パーセントに下落。二〇〇九年の選挙で六九・二八パーセントに回復し、民主党連立内閣が誕生しましたが、次の二〇一二年の選挙で五九・三二パーセントに急落し、再び自民党が政権を手中に収めました。二〇一四年にさらに五二・六六パーセントと下降しました。

期待をかけて投票しても社会的な変革につながらない、誰がやっても変わらないという政治不信でしょうか。それでも半分以上の人は、期待が報いられようと報いられまいと選挙には行っているという見方もできます。

中国や旧東ドイツの例でもわかるように、社会は突然変わるように見えても長い時間がかかっています。日本も変化の途上にあります。何もしなければその分、何かをしている人が望む方向へ動いていくのが社会です。

3 理想は国会と世論への戦略的な働きかけ

「アドボカシー」と「ロビイング」

社会を変革するためには、国会議員に動いてもらう必要がありますが、そのためには、議員を選出する社会の構成員の一人ひとりの気づきが必要です。有権者に問題を認識してもらうことができなければ、問題を認識した議員は結局は選出されにくいままです。世論と同時に議員たちの関心を高めるには、具体的にはどのようなやり方があるでしょうか。ここでは米国で行われているやり方で、日本にも導入が可能なものを紹介します。

それは「アドボカシー」と「ロビイング（ロビー活動）」を社会変革のための車の両輪として進めるやり方です。「アドボカシー」とは支持する理念や考えや政策などを一般の人に広める活動です。

「ロビイング」とは政策決定者に対して、情報や意見を提供して、政策決定に影響を及ぼそうとする活動のことです。

二つを有機的に連動させて行っているのを初めて見たのは、カリフォルニアの州都サクラメントの郊外をフィールドに活動している川の保全団体を訪ねたときのことです。

中止されたオーバンダム計画が復活しないよう、一般の人々にラフティング体験を通じて自然の川を知ってもらう活動を展開する一方で、ロビイストとして登録しているスタッフもいて、必要に応じて首都ワシントンDCにも出向いて議員に対する働きかけを行っていました。

公益活動を行う法人を、「非営利組織（NPO）」と呼びますが、米国では「内国歳入法」という税制に関する法律で位置づけられています。アドボカシー組織は501（C）（3）条に、ロビー組織は501（C）（4）条に分類され、前者は税制優遇はあるが政治活動は制限され、後者は政治活動はできるが税制などの優遇がないといった違いがあります。

社会変革を目指す大手のNPOは、その二つの資格を持つ二つの団体を立ち上げ、前者で一般向けに、後者で政治家に向けて同じメッセージを異なった方法や形態で広めています。世論形成と議員への働きかけとを同時に戦略的に進める活動が発達していました。

米国の首都ワシントンDCには、こうした団体を支えるべく、メディアに情報を提供する「メディアワーク」を専門に行うＮＰＯもありました。メディアリストを蓄積して、専門分野で活躍するＮＰＯや研究者の難解な専門用語や政策をかみ砕いて、ジャーナリスト向けに発信活動を行っていました。

同種のテーマに取り組む違う団体の本部がワシントンＤＣで横につながって、連絡を取り合い、全米で一斉にキャンペーンを行い、世論形成の加速を狙う手法にも遭遇しました。

私が政策担当秘書になった理由

余談ですが、私が米国の「ＮＰＯ」なるものの存在を知ったのは一九九七年春、友人に誘われてカリフォルニア州で行われたＮＰＯのインターンシップ・プログラムに参加した時です。同年秋には気候変動枠組条約締約国の京都会議を前に、ワシントンＤＣのＮＰＯで勉強する機会を与えられて、日本の市民団体とは違う、米国ＮＰＯ業界のダイナミズムに触れました。

日本でＮＰＯ法ができる少し前でしたが、日本でもロビイングとアドボカシーの両面作戦がどうやったら可能かと考えていたところに、ある衆議院議員から「環境政策を担当してくれる秘書を探している」と声をかけられました。

今だから明かしますが、その議員の秘書に（後に政策秘書に）なることに決めたのは、NPOを作るより、自分が「隠れロビイスト」となって国会の外で活動をしている市民団体と連動できた方が効率的ではないかと思ったからです。第二章以降で紹介する議員への働きかけや市民立法の方法は、ロビイングに慣れていない市民に繰り返し伝授してきたやり方です。

社会変革を促すNPOの活動を支える制度は、今でも発展途上ですが、洗練された情報収集、分析、提言活動を、議員や社会一般、メディアに対して行う、力を持った組織は増えています。

なお、「ロビイング」の語源はホテルの「ロビー」です。かつて米国のユリシーズ・グラント大統領が、ホワイトハウス近くにあるウィラード・ホテルのロビーに葉巻をくゆらしに来ていることを知った人々が頼みごとをしに会いに行ったことが語源です。ウィラード・ホテルに行けば、その廊下にそのエピソードが誇らしげにかつ地味に掲示されているのを確認できます。

デモからネットワークへ

もう一度、ドイツを例に見てみましょう。ドイツの大都市では、二〇一一年に日本で起きた東京電力福島第一原発事故の直後にも、大規模な脱原発デモが行われました。三月二十六日にベルリンで十二万人、ハンブルクで五万人、ケルンとミュンヘンでそれぞれ四万人が集まりました。その翌日の三月二十七日には、最も保守的であると言われるバーデン・ヴュルテンベルク州の議会選挙が行われ、そこでも、脱原発を掲げる「緑の党」と「社会民主党」の連立政権が誕生しました。ドイツではこれは歴史的な出来事だととらえられています。

五月下旬には、ドイツ連邦政府が、稼働停止中だった八つの原発の恒久的運転停止を決定しました。さらに七つの古い原発と二〇〇七年から事実上発電していなかった原発一つの運転を停止させました。アンゲラ・メルケル首相が設置した「安全なエネルギー供給倫理委員会」は五月三十日に「原発からの撤退は十年以内に完了されるべきだ」と提言し、連邦政府はこれを受けて、二〇二二年までにすべての原発を運転停止することを決定しました。

メルケル首相は、二〇一一年六月九日に行った政府施政方針演説で、「私たちがしようと考えたこと、これをすべて成し遂げようとすることは、不可能なことをせよというのにほぼ等しい」と宣言しつつも、脱原発の方針を明確にしました。日本の原発事故からわずか三カ月のことです。こうした変化を見つめ続けてきたドイツの歴史学者で『原子力と人間の歴史　ドイツ原子力産業の興亡と自然エネルギー』（築地書館）の著者の一人、ヨアヒム・ラートカウ博士にインタビューする機会が二〇一五年にありました。

博士は、社会を動かしたのはデモだけではないと語りました。ドイツでは反政府デモに参加していた学生が、後に影響力のある地位を獲得し、報道や政治家や宗教団体と協力して行動したこと、訴訟を起こしたことなど、多種多様な人々のネットワークが必要不可欠だったと言います。

一人ではない、一つの運動ではない、さまざまな人がつながりあうことが、国会を、そして社会を動かしています。

第二章

立法に参加する

1　議院内閣制でも大統領制でも「立法」は国会の仕事

あなたの人権は憲法によって守られている

あなたは「おぎゃあ」と生まれた時から、法律に支えられながら生きています。言い方を変えると、法律を守る大人に支えられて育つべき存在です。

たとえば、あなたは生まれると、出生届を出してもらいますが、それは「戸籍法」という法律で定められています。国や自治体は、出生届であなたの存在に気づき、あなたが公共サービスを受けられるようにします。

憲法第十四条は「すべて国民は、法の下に平等であつて、人種、信条、性別、社会的身分又は門地により、政治的、経済的又は社会的関係において、差別されない」と定めてあり、あなたが憲法も法律も知らなくても、あなたは生まれた瞬間から人権を憲法によって守られています。

そして大人になったあなたは、どんなときでも、憲法が保障した自由や権利や平等が保障され、侵害されていないか、社会に注意を払わなければなりません。憲法第十二条は「この憲法が国民に保障する自由及び権利は、国民の不断の努力によつて、これを保持しなければならない」と定めているからです。

立法に直接または間接的に参加する術《すべ》を知ることは、知って損はしないどころか、得する知識です。この章では、立法とはどのように行われて、あなたがどのようにそこに参加ができるかを見ていきます。

日本は議院内閣制

小学校で習ったことを少し復習してみましょう。日本は「議院内閣制」をとっています。議院内閣制とは、選挙で国民が選んだ国会議員が、「議院」（つまり国会）で多数決で総理大臣を選び、その総理大臣がその他の国務大臣を選んで、「内閣」を組織する制度です。

しかし、議院内閣制もさまざまです。日本の議院内閣制はイギリスをモデルにしていますが、フランスやドイツの議院内閣制は、まず、行政府のトップである大統領を国民が選び、その大統領が首相を任命して議会の承認を得るという、大統領制を併用した議院内閣制です。これに対し、米国では、行政府トップである大統領を選挙で選びますが、議会は行政府とは切り離された選挙を通して独立して存在し、首相はいません。

議院内閣制を採用している日本、イギリス、フランス、ドイツでは、法案は主に内閣が提出して、議会が審議して成立させます。一方、大統領制を採用している米国では、法案を提出できるのは議員だけです。

日本を含めすべての民主主義の国では、統治機構は違っても、「立法」が国会の仕事であることは共通です。

日本の場合、国会に法律案が出される道筋は、大きく分けると二つあります。

一つは中央省庁の行政機関（この本では「府省」と呼びます）に勤務する国家公務員（この本では「官僚」と呼びます）が案をつくり、内閣が閣議決定して国会に提出する道筋です。これは「内閣提出法案」「閣法」などの名前で呼ばれます。

もう一つは「議員立法」と呼ばれ、国会議員が発議する法律案です。

二つはそれぞれ、どのように生まれ、どのように成立していくのでしょうか。

審議会などで立案される内閣提出法案

内閣提出法案と議員立法のうち、議院内閣制の国で圧倒的に多いのは、内閣が提出する内閣提出法案です。

日本では、なんらかの法律に基づく「審議会」での審議を通して立案されるのが、一般的です。時に法律に根拠を持たない、大臣の「私的諮問会議」や「有識者会議」などを通して立案が行われることもあります。立案は以下のような手順で行われます。

第一に、行政府のトップである大臣が、審議会に諮問を行います。諮問とは依頼のようなものです。社会に変化が生じたので、それに応じてどのように政策を変更したらよいか審議して答えをまとめてくださいと頼むのです。

第二に、審議会の委員には、その政策テーマに詳しい専門家を大臣が指名します。

第三に、審議会は審議の結果をまとめて、大臣に答申します。

第四に、官僚が答申を反映させて法律案を書きます。今ある法律を改正する場合もあれば、新しい法律案を作る場合もあります。

第五に、大臣たちが集まって物事を決定することを「閣議決定」と言い、「内閣提出法案」が閣議決定されると国会に提出されます。

諮問から答申までの期間や時期はさまざまですが、たとえば国会の会期が終わった夏から初冬にかけて答申が出て、翌年の通常国会の一月から五月のゴールデンウィークぐらいまでの間に法律案として出てくるのが典型です。

議員立法の仕組み

一方、議員立法が成立する道筋には二通りあります。一つは「衆法」です。衆議院で発議、可決され、参議院へ送られて成立する法案です。もう一つは「参法」です。参議院で発議、可決されて、衆議院へ送られ成立する法案です。

議員立法を発議するには、衆議院では議員二十人以上、参議院では議員十人以上の賛同者が必要だと「国会法」で定められています。予算を伴う法案の場合は、さらに多くの賛同者が必要で、それぞれ五十人以上と二十人以上です。

そのため、所属議員の多い党は単独で法案が発議できますが、議員数の少ない政党や無所属議員は、他の党に共同提案を持ちかけて発議します。党の枠を越えて同じ問題意識を持つ議員たちが「議員連盟」を組織して立案を行う場合もあります。

世論形成がうまく行き、与野党で全会一致となれば「委員長提案」という形をとることもあります。

「委員長」とは衆議院と参議院に政策分野別に設置されている「委員会」で議長役を務める議員です。委員会は、府省に対応した形で法案を審議する場ですが、一方で、委員会として立法を発議できる場でもあります。この点については後にもう少し詳述します。

政党の議員数の比率で割り当てられる委員会

図表2の1で示すように、衆議院と参議院には、それぞれ全議員が参加する「本会議」があって、それぞれに「議長」がいます。委員会はほぼ府省に対応した形で設置される「常任委員会」と特定のテーマを議題とする「特別委員会」があります。たとえば、経済産業省が所管する法律や政策を「経済産業委員会」で、文部科学省が所管する法律や政策を「文部科学委員会」で、環境省が所管する法律や政策を「環境委員会」で審議します。

議員は国会法第四十二条に基づいて、どの議員も少なくとも一つの常任委員会に所属しなければなりません。常任委員会も特別委員会も所属委員の数が決まっていて、それを各会派（政党）の議員数の比率で割り当てます。

大政党なら委員の数も多く、小さな政党なら委員の数も少なくなります。毎国会ごとに委員会の委員替えが行われ、どの常任委員会／特別委員会に所属したいか議員の希望に基づいて会派ごとに調整します。会派の中ではベテラン議員の得意分野が優先され、会派が調整した後で、無所属議員に余った委員会が割り当てられます。

小さな政党の議員は複数の委員会を掛け持ちする上に、委員会での所属会派の議員が一人の場合が大半なので、国会会期中は来る日も来る日も国会質問の準備に追われます。たとえば四十五人の委員会に十五本の法律が付託されれば、過半数を持つ与党なら二十三人以上で十五本の法律を分担できますが、小さな政党なら一人で十五本に責任を持ちます。その逆に与党議員の中には一通常国会で一度も質問をしない議員も大勢います。

また、国会法第四十二条の但し書きで、「議長、副議長、内閣総理大臣その他の国務大臣、内閣官房副長官、内閣総理大臣補佐官、副大臣、大臣政務官及び大臣補佐官は、

図表２の１　衆参両議院の委員会と議員数

衆議院

本会議		475 人
常任委員会	内閣委員会	40 人
	総務委員会	40 人
	法務委員会	35 人
	外務委員会	30 人
	財務金融委員会	40 人
	文部科学委員会	40 人
	厚生労働委員会	45 人
	農林水産委員会	40 人
	経済産業委員会	40 人
	国土交通委員会	45 人
	環境委員会	30 人
	安全保障委員会	30 人
	国家基本政策委員会	30 人
	予算委員会	50 人
	決算行政監視委員会	40 人
	議院運営委員会	25 人
	懲罰委員会	20 人
特別委員会	災害対策特別委員会	40 人
	政治倫理の確立及び公職選挙法改正に関する特別委員会	40 人
	沖縄及び北方問題に関する特別委員会	25 人
	北朝鮮による拉致問題等に関する特別委員会	25 人
	消費者問題に関する特別委員会	35 人
	科学技術・イノベーション推進特別委員会	35 人
	東日本大震災復興特別委員会	45 人
	原子力問題調査特別委員会	40 人
	地方創生に関する特別委員会	40 人
	環太平洋パートナーシップ協定等に関する特別委員会	45 人
憲法審査会		50 人
情報監視審査会		8 人
政治倫理審査会		25 人

参議院

本会議		242 人
常任委員会	内閣委員会	20 人
	総務委員会	25 人
	法務委員会	20 人
	外務防衛委員会	21 人
	財務金融委員会	25 人
	文部科学委員会	20 人
	厚生労働委員会	25 人
	農林水産委員会	20 人
	経済産業委員会	21 人
	国土交通委員会	25 人
	環境委員会	20 人
	国家基本政策委員会	20 人
	予算委員会	45 人
	決算委員会	30 人
	行政監視委員会	30 人
	議院運営委員会	25 人
	懲罰委員会	15 人
特別委員会	災害対策特別委員会	20 人
	政治倫理の確立及び選挙制度に関する特別委員会	35 人
	沖縄及び北方問題に関する特別委員会	20 人
	北朝鮮による拉致問題等に関する特別委員会	20 人
	政府開発援助等に関する特別委員会	30 人
	地方・消費者問題に関する特別委員会	30 人
	東日本大震災復興及び原子力問題特別委員会	40 人
調査会	国の統治機構に関する調査会	25 人
	国民生活のためのデフレ脱却及び財政再建に関する調査会	25 人
	国際経済・外交に関する調査会	25 人
憲法審査会		45 人
情報監視審査会		8 人
政治倫理審査会		15 人

2016 年 6 月現在

その割り当てられた常任委員を辞することができる」となっていて、委員会に所属はできますが、辞することもできるので、現閣僚たちはどの委員会にも所属していません。

立法補佐の仕組み

どの議員立法でも共通するのは、国会に備わっている「立法補佐機構」の助けを得ながら行うことです。次のような仕組みがあります（図表2の2）。

第一に国会図書館です。日本で発行されるすべての発行図書（四千万点以上）を持つ巨大な図書館ですが、国会議員にとっては単に本を読む場所ではありません。国会法で「議員の調査研究」のためにあると定められています。「調査及び立法考査局」という部署が、政策分野ごとに存在します。議員会館の事務所からは内線電話一本で関係分野の文献や記事を調査員が取りそろえてくれます。読む時間がない場合には内容を頭に叩《たた》き込んで講義にも来てくれます。そのために国内外の動向を日頃《ひごろ》から調査研究しています。

第二に、委員会の所属する政策スタッフである「調査員」です。各委員会に対応して、衆議院では「調査局」、参議院では「調査室」という部署名で、委員長を直属の上司と

図表２の２　各委員会の構成

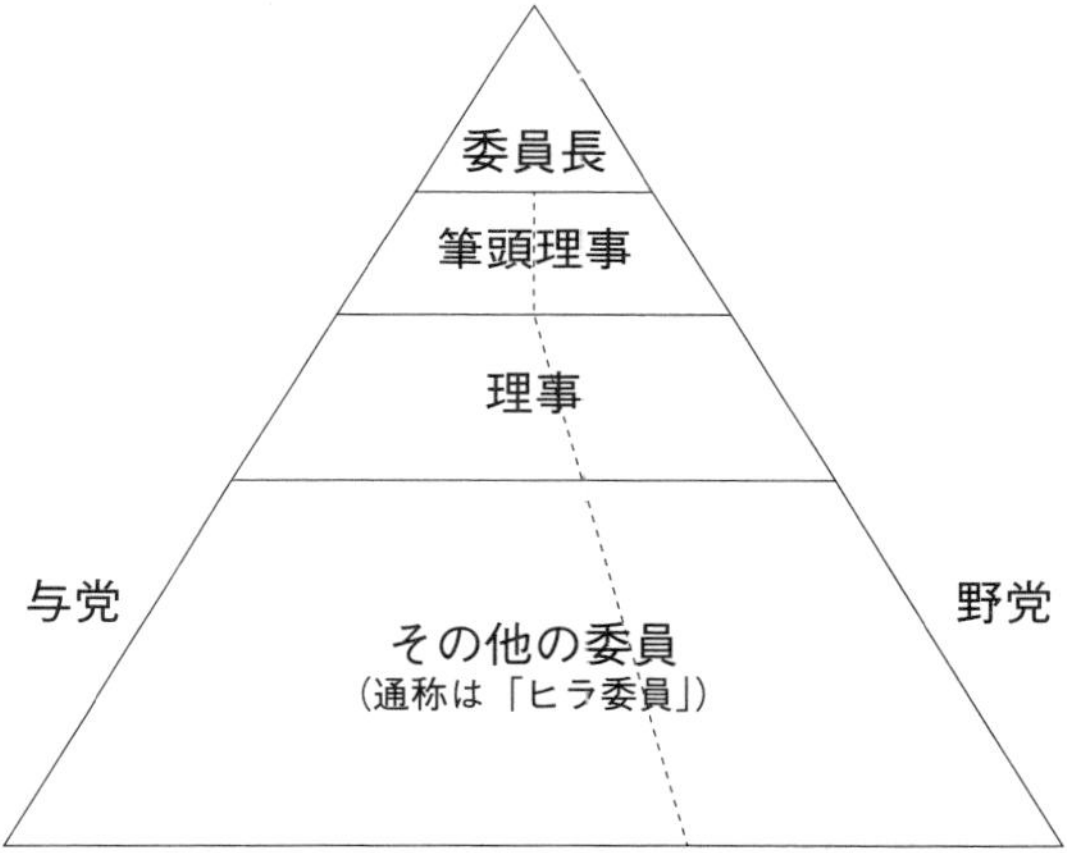

議員の立法を支える役割を担う人々

国会図書館（衆参）
委員部・調査室（衆）／調査室（参）
法制局（衆参）
政策担当秘書＝特別職の国家公務員（各議員に１人）
政策調査会／政策審議会　部会（各党）

国民
（不特定多数）

する調査員がいます。

第三に、議員立法の要《かなめ》である法制局です。衆議院と参議院に一つずつあり、議員が法案を作成するにあたり、理念や目的に基づいて、段階を追って条文の一つひとつを仕上げていく作業をしてくれます。その前段階で、憲法や他の法律と重複や不整合がないか、そもそも法律を作る必要性や意味があるのか、厳しいやり取りが、立案する議員側とで行き交います。立法には不可欠な存在です。

第四に、政策担当秘書です。一九九三年五月の国会法改正で「主として議員の政策立案及び立法活動を補佐する」として始まった制度です。年に一回、試験が行われる国家資格です。秘書経験の長い秘書や、弁護士資格や博士号を持っている人材が資格試験を免除されて、議員の推薦で政策秘書資格を得る場合もあります。

この他、各党には「政策調査会」、「政策審議会」など名称は各党により異なりますが、政策部門ごとに開催される議員のための政策勉強会や法案賛否に関与する「部会」があり、その活動をサポートする政策スタッフもいます。

もう一つこれらとは別に、制度的な裏付けはありませんが、「市民立法」と呼ばれるやり方があります。選挙で代表を国会に送っている国民が、議員を通じ、議員の機能を活用して立法をする方法です。専門性の高い市民の知恵を借りて、議員が市民とともに立法補佐の仕組みを利用して法律案を練り上げるやり方です。形骸化《けいがいか》しがちな国会を動かすために欠かせないのが、このような国民の関与です。

立法補佐機構がヨットだとすると、議員は航海者、国民はそれを動かす風なのです。

法案審議の流れ

内閣提出法案も議員立法も、どちらも審議のやり方はほぼ共通しています。議員立法のうち、衆法は衆議院から、参法は参議院から先に審議されますが、内閣提出法案は予算案以外はどちらから審議してもかまいません。ただし、ほとんどの法案が衆議院から先に審議が始まります。

国民の関心の高い法案は、大概の場合、与野党で考え方が対立する重要法案と見なされて、慎重に、いわばフルコースの審議が行われます。

フルコースの場合、最初に、本会議で担当大臣による趣旨説明と、与野党の代表質問が行われます。次に、委員会に付託され、本格的な審議が始まります。委員会でも再度、趣旨説明が行われて、法案に関する質疑が始まります。各委員会は開催する「定例日」が曜日でほぼ決まっているので一週間に二回程度のペースで委員会審議が行われます。専門家を呼んで参考人質疑を開いたり、公聴会を行ったりして、その後に採決をとりますが、その直前に、賛成討論や反対討論が行われます。委員会の採決が終わると、本会議で委員長から報告が行われ、改めて本会議で採決を行います。ここでも採決前に賛成討論、反対討論が行われることがあります。

与野党が対決しないと考えられている法案は、本会議での趣旨説明などは飛ばして委員会に付託され、半日の審議で成立し、本会議での採決後に参議院（または衆議院）に送られて同様に可決・成立します。

少しだけ様相が違うのが委員長提案です。かつては与野党が審議開始の前に全会派で一致すると、慣例で質疑も行われず、非公開で開催されて成立させていました。最近では公開で審議され、質疑も多少は行われて成立するようになりました。

国会の一年

では、国会はどんなスケジュールで動いているのでしょうか。

国会は、一月から会期百五十日の予定で開催される「通常国会」と、秋に二週間程度開催される「臨時国会」を中心に動きます。また、衆議院が解散した場合は、憲法五十四条により、総選挙を行った日から三十日以内に国会を召集しなければなりません。これを「特別国会」と言います。

一月に国会が召集されて必ず行われるのが「政府四演説」です。内閣総理大臣が「施政方針演説」、外務大臣が「外交演説」、財務大臣が「財政演説」、経済財政政策担当大臣が「経済演説」を行います。これらの演説に対し、与野党の代表が本会議で代表質問をします。

二月頃から三月末までの間に、翌年度の予算案が審議されます。必ず先に、衆議院で審議され、参議院に送られます。参議院では翌年度が始まる四月一日の前までに審議を終わらせ、予算を成立させるのが典型です。

大臣が出席を求められることが多い予算審議が終わるのを待って、四月頃から、法案の審議が各委員会で本格化します。会期延長がなければ六月までの約二カ月の間に、毎年百本近い法案が次々と提出され、次々と可決成立していきます。

会期延長がなければ六月で閉会します。国会閉会後の夏は、議員たちは地元選挙区に戻って実質の「選挙運動」を展開する期間となります。

また、この時期には各委員会が、海外の先進的な制度を日本に取り入れることを目的とした海外への「委員会視察」が企画され、委員会の調査員を随行して出かけていきます。「外遊」などと称されます。

九月から十月の間に与野党の合意に基づいて臨時国会が開かれることが通例で、補正予算が審議されます。通常国会で積み残した法案審査が行われることもあります。次年度に向けた内閣提出法案の姿が見えてくるのはこの頃なので、マジメな議員はそれを察知して通常国会に向けて準備を始めます。

以上が、一般の国民が国会のインターネット中継や報道を通して知ることのできる国会の姿です。

すが、二〇一五年には異例の事態が起きました。

臨時国会は四分の一以上の議員が要求すれば開催しなければならない

臨時国会の開催については、通常、その召集日や会期は与野党の話し合いで決定しますが、二〇一五年には異例の事態が起きました。

憲法第五十三条は、臨時国会について「いづれかの議院の総議員の四分の一以上の要求があれば、内閣は、その召集を決定しなければならない」とされています。ところが、二〇一五年秋には、野党が総議員の四分の一以上の名簿を提出して召集を求めたにもかかわらず、内閣が国会を召集しませんでした。

二〇一六年の通常国会では「安倍総理が、野党の憲法五十三条に基づく臨時国会の召集要求を無視したことは明らかに憲法違反であります」などと何度も追及や抗議を受けました。一月二十一日の参議院決算委員会では、参議院では決算審査を重視し、二〇〇三年度決算以降は毎年十一月二十日前後に決算が提出されてきたと、臨時国会の意義を突き付けられましたが、安倍総理は、「昨年の臨時会の召集の要求については、政府としてこれに適切に対応するため、現下の諸課題を整理して、補正予算、当初予算の編成などを行った上で、新年早々、本通常国会の召集を図ったものです」と答えにならない答弁を行いました。補正予算や次年度の予算編成は毎年のことで、二〇一五年度だけ臨時国会を開かない理由にはなりません。また、「臨時会も常会もこれは機能は同じでございます」と憲法の要請を無視した答弁を行いました。

さらに、菅義偉《すがよしひで》官房長官も「平成十七年の小泉内閣当時においては、臨時国会召集の要求が出されたが、八十日後の常会を召集することで対応されたという例もあります」（二〇一六年一月十五日参議院予算委員会）と答弁しましたが、不思議な答弁です。

この年は八月に衆議院を解散し、九月に「特別国会」を開いて、それが十一月まで続いた年です。憲法五十四条で「衆議院が解散されたときは、解散の日から四十日以内に、衆議院議員の総選挙を行ひ、その選挙の日から三十日以内に、国会を召集しなければならない」と定められており、「臨時国会」の開催時期に「特別国会」を開催していたのです。そのためか、議事録を見ても「臨時国会」が要請された形跡はありません。また、一九八九年まで記録を遡《さかのぼ》っても、この二〇〇五年以外に臨時国会が開催されなかった年はありませんでした。

2　立法プロセスの裏側

官僚による合意形成が前提の内閣提出法案

報道などではあまり光が当たらない裏舞台は、どのようになっているのでしょうか。先に内閣提出法案の手続きの流れを紹介しましたが、その裏舞台は次の通りです。

第一に、諮問は大臣名で行われますが、諮問を書いているのは官僚です。

第二に、諮問の段階で「答申」の方向性はほぼ決まっており、それに沿った意見を出してくれそうな専門家を官僚が選んで大臣にリストを渡して大臣が了承するので、大臣が任命したことになります。時に大臣の希望で委員が加わることがあります。大概の場合、大臣は官僚のお膳立《ぜんだ》てと説明通りに動くだけです。

第三に、審議は次のような段階を経ます。

審議会の初回で審議会の委員長が「互選」で決定しますが、実は審議会の開催の前から、官僚が委員長になって欲しい人と、その人を推薦する人を打ち合わせておき、実際の審議会で「互選」した形でその他の委員の暗黙の了解で選ばれます。そして委員長が司会をしますが、すぐに官僚が資料の説明を始めます。説明は三十分〜四十分に及ぶこともあり、これに審議委員が質問や意見を言うのは長くても一人数分のみです。質問に答えるのは大概官僚で、こうしたやりとりをもとに官僚が「答申案」を書いて示し、委員から異論が出なければそれが答申となります。意見が割れる場合は、委員長に一任されて審議会を閉会します。「委員長に一任」は「官僚に一任」と同義語です。

なお、審議会のすべてが法案の元となる答申を出すことを目的に開催されるわけではありませんが、米国などでは、政策を左右する諮問委員会などの構成メンバーに住民団体や公益団体を法律で位置づけることもあります。しかし、日本では議事録の公開や傍聴を義務付ける法律もまだ存在していません。

第四に、官僚が答申をもとに法律案の原案を書き、原案を他の府省に回して、疑問点と不都合な点を解消して、官僚間で合意形成します。

第五に、「法の番人」との異名を持つ内閣法制局が審査を行います。内閣法制局は、他府省とは別格の存在で、法案が憲法や他の法律に違反しないか等をチェックします。

第六に、与党の会議でも法案の概要が官僚から説明されます。自民党の場合は、官僚が永田町にある自民党本部に出向き、政策調査会に設けられた政策分野別の「部会」で法案を説明します。また自民党はその法案についてどう思うかを関係する業界や関係団体からヒアリングを行います。特定の政策に利害を持つ議員を「族議員」と言いますが、族議員はそのような場や個別に意見を吸い上げて利害の一致する業界を代弁する形で、政策形成に関与します。

法案に異論が出なければ、党の意思決定機関である「総務会」にかけられ、そこでも異論が出なければ、法案提出を党が了承したことになります。時折、法案の提出が予定より遅れることがありますが、そういう時は、「○○議員が○○法案の○○について反対している」などの話が漏れてくる場合があります。自民党の意思決定は「全会一致」が党の慣例です。反対者は、党全体の意見を変えることができないことが明らかになると、最後は退席して全会一致の形を作ります。この時から自民党の所属議員は、党の決定（党議）に拘束され、法案に賛成することになります。

第七に、法案は閣議にかけられ、決定し、国会に提出されます。野党の部会に法案説明が行われるのは、これ以降になります。自民党以外はこのような部会を議員会館の会議室を使って開きます。このときになって野党はようやく法案をつぶさに知ることになりますので、与党と野党の力の差は、法案が閣議決定されるまでに、官僚によって生み出されると言っていいかもしれません。なお、党議拘束は野党でもかかります。

第八に、国会での審議が始まりますが、与野党とも慣例により党議拘束を受けますので、国会での与党議員の存在意義は、多くの場合、採決の際の一票に過ぎません。国会審議で野党から問題が指摘され、誰の目から見てもそれが明らかであっても、否決はおろか修正さえも行われることはごくまれです。国会審議は「通過儀式」だと言われることが多いのはそのためです。野次や居眠りはその間に行われているのです。

時折、議院内閣制では原案のまま成立することが当然のことだと言う人もいますが、正しくありません。議員立法しかない米国のみならず、議院内閣制の他の国でも、法案が国会審議で修正が行われるのは当然のことです。

たとえば、参議院調査室の『立法と調査』二〇〇七年十月号「第五共和制下フランス国民議会の質問制度」によれば、フランスでは、七割弱が内閣提出法案、三割強が議員立法ですが、年に約四十~五十本(多くても八十本程度)提出される法案に対して三千

〜四千カ所ものおびただしい数の修正が行われています。

日本の国会では、対案や修正案の存在すら、国民や報道に注目されず、よほどのことがない限り、もとの原案が無傷で多数決で成立するのが当たり前です。国会が単に多数決の場となり、法案の修正率も低いのが日本の国会の特徴です。

フル活用されていない委員長の力

さきほど、議員立法には「委員長提案」という仕組みがあることを述べました。そこで紹介したのは、有志議員が集まって立案したものに各党が乗る形で全会一致となる例ですが、実は今の国会には活用されていない議員立法の潜在能力が眠っています。

委員長は、当選回数を重ねたベテラン議員がなります。先述した通り、各政策分野ごとに設けられている「委員会」には「調査員」という専属の政策スタッフがいます。もしも、委員長に就任した議員が、自分のライフワークとしてきた「政策課題」があるなら、調査員や政策秘書やその他の立法補佐機構をフル稼働させて、委員長主導で本当の意味での委員長提案による立法が可能な環境や特権を持っています。

委員長は議員事務所とは別に委員長室、電話、運転手付きの黒塗りの車が提供され、さらには、日額六千円の委員長手当（国会会期中土日も含めて毎日）が支給されます。これは、国会議員全員が受け取る月額百二十九万四千円の「歳費」、月額六十五万円の「立法事務費」、月額百万円の「文書通信交通滞在費」などの手当とは別です。

通常の委員会運営でも、委員長は、事務的な業務を補佐する「委員部」スタッフをかかえています。議事進行の「台本」も老眼鏡を忘れても読めるほどの大きな文字で委員部が用意し、議事進行で不都合が起きた時の対処の仕方まで、前例の生き字引として委員部が補佐してくれます。委員長は基本的には委員長席に座り、委員部が書いた台本どおりに議事を進行すればよいだけです。

しかし残念ながら、特権や待遇に見合うだけの委員長提案をする委員長をみたことがありません。

そのため現状では、調査員たちの仕事は内閣提出法案を精査して「法案提出の経緯」「概要」「法案の論点」「関係資料」などを整理し、議員が質疑を行う際の補佐に終始しています。ことに、「法案の論点」は質問形式で書かれているので、法案審議に向けて時間不足、勉強不足、準備不足な議員たちには虎の巻のように活用されています。参議院調査室では『立法と調査』など冊子で政策研究の成果をまとめることもしていますが、「宝の持ち腐れ」状態です。

与野党の駆け引きと委員長職権

逆に、良からぬ意味で「委員長職権」を振り回す委員長を時折、見かけます。それがどのようなものかを説明する前に、国会の法案審議における暗黙の了解について解説しておきましょう。

これまでに書いた「法案審議の流れ」はまだ全体像ではありません。実は、内閣提出法案でも議員立法でも、法案が提出されてから審議されるまでがまた一苦労です。

なぜなら、法案は国会に提出された順番で審議されるのではなく、与野党で、審議入り（審議を始めること）に同意できたものから審議をするのが原則だからです。最後は多数決であり、審議入りをすれば結果は時間の問題です。少数意見を軽んじない民主的な運営のためにこうしたことが慣例として決まっているのです。

そうなると、どの順番で審議するかは、駆け引きになります。国会が始まって法案が出揃《そろ》う頃になると、だいたいどれが重要法案で、どれが問題の少ない、与野党で対立のない法案かが見えてきます。

すると、両者ともお互い腹の中は見えていますから、最初はすべての法案を「吊《つ》るし」といって審議入りをさせない状態に置いておきます。そして徐々に与野党の交渉で、問題のない法案から一本一本、委員会に付託をしていくのです。その役割を担っているのが「議院運営委員会」と「国会対策委員会」です。「議院運営委員会」は文字通り、国会の運営についてとり決める正式な機関で、「国会対策委員会」はその非公式版です。国会対策委員会で決着したもの（または決裂したもの）が「議院運営委員会」で正式に儀式的に執りおこなわれるという関係です。議院運営委員会の委員長も国会対策委員会の委員長もどちらも、政治的な駆け引きができるベテラン議員が就任します。

与野党とも、諸外国の国会のように審議を通して「法案修正」をするという方向へは向かず、野党は重要法案を最後まで「吊るし」にかけ続けて、できれば会期切れでの廃案を狙《ねら》います。対案が準備できていれば、対案を一緒に審議することを条件にしたり、審議時間を十分確保することを条件にしたり、時には、スキャンダルを起こした閣僚の証人喚問を条件にしたり、さまざまな駆け引きがありえます。時には「〇〇法案の審議を人質に〇〇法の審議入りを要求された」などの物騒な表現も飛び交います。

与党の側では、予算案も法案も早期にすべて可決成立させることが至上命題です。会期末になり、最後に出してくるカードが「委員長職権」です。どうしても合意が取れないが、与党としてはどうしても成立させなければ引き下がれないという時に、委員長職権で吊るしを降ろします。こうなると野党が廃案にさせることは無理で、国民に対して顔向けができないとなれば、衆議院なら内閣不信任決議案、参議院なら問責決議案を出したりして、先に審議させて、徹底的に審議入りの引き延ばしをはかって応戦します。その結果、会期末には深夜まで審議が及ぶこともあります。

ヒットウリジコン

駆け引きはもう一段細かいところにもあります。議院運営委員会で「吊るし」が降りたら、採決までは時間の問題ですが、審議入りが決まった後も、委員会審議を巡って、審議日程、審議時間、参考人質疑、採決日に関する調整や駆け引きが、付託された委員会単位で行われることになります。細かく言えば三段階あります。

図表2の2で見たように、委員会には、同じ議員でありながら、先述した「委員長」の他、委員会運営を協議する「理事」とその他の「ヒラ」委員の三種類がいます。

駆け引きが行われる第一段階は「筆頭理事懇談会」です。略して「ヒットウリジコン」と呼ばれます。委員長と与野党の理事の代表、計三人による非公式な懇談会です。委員長の議員事務所や委員長室で行われます。委員会における与野党の代表で腹を割って話し合いたいときや、懐柔したいときや審議入りのきっかけを作りたいときに、与党の筆頭理事から野党の筆頭理事へヒットウリジコンが申し込まれます。委員長が間に入ることもあります。そうした懇談の仲立ちをするのも先述した「委員部」です。

第二段階が、「理事懇談会」です。「リジコン」と呼ばれ、理事の全員が参加します。「ヒットウリジコン」で折り合いのついた審議入りについて、具体的にどのような審議の仕方を行うかを相談する場です。弱小政党には「理事」が置けない党もありますが、オブザーバーとして参加することができ、発言は尊重されます。筆頭理事懇談会も理事懇談会も、決め事は全会一致でなければなりません。

どこかの委員会にかかっている重要法案で話し合いが決裂したような場合は、他のすべての委員会審議をストップするよう党の執行部から指令が来ることがあって、そうなると国会が空転することになります。

第三段階が「理事会」です。これは審議日時が決定して、開催前に最終確認として委員会室の隣にある小部屋で行われます。審議で使うパネルや配付資料などは、この理事会で了承されてはじめて使うことができます。審議中に運営上の問題が生じたときには、理事たちが中心となって問題を処理します。たとえば、質問に大臣がストレートに答えないとか、聞いてもいないことを長々と答弁を続けて審議を妨害しているなどというときには、理事たちが委員長にアピールして審議をストップさせたりします。

正常な状態の国会から、空転している国会まで、混沌《こんとん》としているように見えて、実はすべては一定の法則で動いています。こうしたルールを頭に入れた上で、次に述べるようなロビイングを行えば、貴重な時間を最大限生かすことが可能です。

3　内閣提出法案への対案や議員立法をどう働きかけるか

日頃から情報収集、情報発信を

先述したように、日本の場合はほとんどの法案が内閣提出法案です。官僚が内閣提出法案を作る小さなチームを「タコ部屋」と称することがありますが、そのタコ部屋に、国民の立場で外から無理やりにでも参加するにはどうしたらいいでしょうか。

まずは、日頃から関心ある分野に対してアンテナを高くします。府省が配信するメルマガで審議会情報をキャッチする、インターネットのニュース検索サイトを利用する、新聞やテレビで小さなベタ記事を見逃さない、特定分野で監視・提言活動を行っている団体やシンクタンクなどの会員になるなどさまざまな監視・情報収集活動があります。もちろん、あなた自身がそのような組織（府省、メディア、シンクタンク、ＮＰＯなど）に就職することも長い目ではあるでしょう。

審議会に傍聴に行けるのであれば足を運び、遠方や多忙で傍聴が難しければ、時差は生じますが、インターネット上で公表される資料や議事録でナマの情報を得ます。

重要なことは、自分が得た情報は関心を持ってくれそうな人に、ある時は大地に種を蒔《ま》く気持ちで、その情報を自ら発信することです。口コミ、メール、SNS、新聞や雑誌への投書など、できる方法はたくさんあります。的確なタイミングで的確な情報を日頃から発していると、見落としていた情報も含めて必要な情報がどこからか飛び込んでくるようになります。情報はギブ・アンド・テイクです。

審議会に対しては、以下のような監視、情報収集、発信を繰り返していきましょう。

第一に、審議会への大臣諮問が現状とずれていないか。その出発点がずれている場合には、後々、議員に対して「対案」を働きかける必要が生じる場合があります。

第二に、官僚の説明資料は必要十分か、重要な課題や視点が落ちていないか。もし何かが欠けていれば、審議会の委員に対して意見書や質問書の形で働きかけることは可能です。

第三に、委員たちの質疑や審議の中で、必要な論点や問題解決策が打ち出されているか。たとえば、国民が参加できる機会、意見反映や応答義務の仕組みが解決策に盛り込まれているかどうかを見極め、欠けている点を意見書などで提起することは可能です。

第四に、出てきた答申案や答申の問題点を見極めます。法案は答申をもとに立案されるからです。答申案の段階で問題を早期発見できれば、与野党の議員やマスコミや一般の人々に提起し、多様な対応策を考えることができます。

第五に、答申をもとに閣議決定されて公表された法律案は、解決に役立つ改正になっているか。出てきた法案では問題解決にならないと考えた場合、第一から第四までの分析を踏まえて「対案」や「修正案」を出すよう議員に働きかけていきましょう。

世論が盛り上がると、第四から第五の段階で国民の意見を募集するパブリックコメントが行われる場合もあります。ただし、この段階では意見は反映されないことがほとんどです。しかし、公式に記録が残るので、意見を出しておくことが重要です。

廃案、対案、修正案

問題の捉《とら》え方や解決の考え方が見当違いや不適切だと考えられる場合には「対案」を、方向性は間違っていないが不適切または不十分な点がある場合には「修正案」を、議員立法で発議してもらえるよう国会議員への働きかけを始めましょう。

本当に問題のある法案は、対案なしに「廃案」を単純に求めたいところですが、単なる「反対」を議員たちが嫌う傾向があり、少なくとも「対案」を働きかけることから始めれば、廃案にすべきだ、反対すべきだと認識されることがあります。

また、「修正案」でよい場合にも、戦略的には「対案」からスタートしましょう。「対案」を出して慎重に丁寧に審議をして、原案のおかしさが国会審議を通して浮き彫りになれば、落としどころとして「対案」から何点か取り出されて修正が行われることが、まれにですがあります。

法案審議のタイミングから逆算すると、対案の作成を依頼するタイミングは、通常国会に法律案が出始める半年前、前年の九月頃を目安にするとよいでしょう。

時に、世の中で関心の低い地味な分野の法案の中に、「問題法案」でありながら、問題法案と気づかれず、たった半日の不十分な審議で通過してしまう法案もあります。

委員会によって提出法案の数に偏りがあり、ある委員会は数本、ある委員会は十数本の法案を、四月から六月の約二カ月で「処理」します。すると、一週間に多い場合は一〜二本程度の法案を通過させることになります。

私の経験では、ロビイングをする市民団体や外部有識者の知恵を借りながら担当する十数本の法案の問題点を洗い出し、法制局に相談をして対案を作ったり修正案を作ったりできるのは、せいぜい一国会に二法案程度でした。逆に、委員会の所属議員やその政策秘書が手分けをしてそれをやれば、すべての法案に対案や修正案をぶつけて、もっと充実した法案審議が行われる潜在性を国会は秘めています。しかし、残念ながら、不思議なほどに、しっかり法案審査に向き合う議員や政策担当秘書は少数派であると言わざるを得ません。

重要法案ではないと見なされていた法案を審議直前になって精査し、これは省益にしかならないのではないかと思うものもありました。省益とは、国民全体のニーズではなく、関係業界の仕事を温存して予算を獲得し続けることなどによって府省の官僚が得る利益のことです。

現状では、国会の法案審査能力は、質・量とも、官僚が提案してくるすべての問題法案を国民に分かるように解説し是正するほどまでには、至っていません。与党議員からは閣僚のご機嫌を取るヨイショ質問や与党の行いを正当化するための質問が多く、「議員になること」が目的で議員になったとしか思えない議員の質問は、与野党を問わず的外れである場合が散見されます。批判的な検証意欲のある少数野党は審議時間も少ないという矛盾もはらんでいます。

どんな時に議員立法を働きかけるか

内閣が出してくる法案に対応するために作る議員立法ではなく、社会で起きている問題に対応するために働きかける議員立法にはどのような場合があるでしょうか。少し整理しましょう。

①問題に対処できる法律がない。
②法律はあるが、古くて社会の実態や国民の意識やニーズに合っていない。
③法律はあるが、きちんと運用されていない。
④法律自体が憲法に照らして問題がある。

これらと立法の関係は次の通りです。
①の場合は新たな法律が必要です。たとえば、東京電力福島第一原発事故をきっかけ

に成立した「子ども被災者支援法」はその例です。政府が対処できていない問題を解決するために与野党の超党派議員が集まって成立させました。

②の場合は、今ある法律の改正や廃止が必要です。たとえば、公職選挙法の改正で選挙権年齢を十八歳からに引き下げたことはこの例です。

③の場合は、行政の仕事の仕方が問題である場合と、法律の作り方が現実とズレている場合があり、前者なら行政の仕事の仕方の是正が必要で、後者なら法律を作り替える必要があります。

④も国会が法律を廃止するか改正する必要があります。または司法に「違憲立法裁判」を国民が提起する必要があります。

原発事故後、どのように法律が変わったか

中には複数の問題が複合する場合もあります。たとえば、二〇一一年に起きた東京電力福島第一原発の事故後に起きている問題です。

原発事故前の仕組みでは原発事故から国民の安全は守れないことが分かったので、規

制強化のために「原子力規制委員会」を設置する新しい「原子力規制委員会設置法」ができました。これは①による対処です。また、「原子炉等規制法」を改正して規制行政の一元化などを行ったのは②です。しかし、原子力規制委員会が「原子炉等規制法」を厳格に運用しないという問題は③です。

また、福島の事故では事業者や国から来るはずの情報が提供されず、住民避難がうまくいきませんでした。住民の避難計画を作る責任は「災害対策基本法」によって自治体に課されていました。しかし法律と運用と現実にはズレがあったので、本来は、それぞれに分析をして、国、県、市町村が担うべき役割について、法改正、運用の改善を行う必要がありますが、行われていません。これは②と③の問題です。

このように、既存の法律や、なぜ立法が必要かという「立法事実」の見極めが重要で、その結果、行政に対し運用改善を求めるのか、既存法の改正や新法の立案を目指すのか、方針が自《おの》ずと見えてくるはずです。

働きかけの実践例

さて、ここまでは、「立法に参加する」ために、内閣提出法案の前提となる審議会への自主的な関与のコツやタイミング、国会における法案審議の裏表の全体像、議員立法の働きかけをする上での考え方を紹介しました。

ここでは、「第一章　国会を動かす」の中で紹介したロビイング、アドボカシー、メディアワークをどのように実践できるかを紹介します。比較的単純な例を使って「市民立法」をどのように行えるか、ゼロから行うやり方を考えましょう。

人脈を辿《たど》り信頼関係を作ってからでなければ、相談に乗ってもらうことが困難な場合もありますが、あなたの主張に筋が通っており、主張の裏付けがしっかりしていれば、かつ、議員や議員秘書の感度がよければ、たとえ初対面だったとしても、話は通じます。

働きかけの前に、まずは「議員立法」をしてもらいたい理由などをA4用紙一枚程度に簡潔にまとめておきましょう。

仮に、あなたが「選挙権が十八歳からに引き下げられたなら、立候補ができる被選挙権も十八歳からに引き下げるべきではないか」と考えたとしましょう。その場合、そのことをストレートに書いて、目的や背景、根拠、説得材料などを箇条書きにします。たとえば、「公職選挙法改正の提案」と題して、目的は「国政に若い世代の意見を反映するため」、背景はあなたなりに見て感じる社会を簡潔に描きます。法律事項は「被選挙権を十八歳からに引き下げる」などです。もし可能なら投票率のデータや判断材料となる的確な資料も用意しておきましょう。

準備ができたら、まずは自分の住んでいる選挙区から当選した議員のところへ相談にいきましょう。衆議院議員と参議院議員で少なくとも三人は該当する議員がいるはずです。

首都圏に住んでいない方にとっては、東京の国会議事堂前にある議員会館の事務所を訪問することはお金も時間もかかって大変ですが、議員たちは「金帰月来」などと言って、国会の会期中は月曜日に上京し、金曜日に選挙区に帰ることが多いので、その場合は議員の地元事務所に電話をかけて「○○に住んでいる○○と言います」と自己紹介をして、地元に帰ってきたときに地元事務所で会いたいとお願いをするとよいでしょう。

もしも、そのうちの一人でも問題意識や価値観を共有してくれる議員がいれば、そこを足がかりに始めましょう。連絡をしても門前払いされたら次の選挙での投票行動に反映させるだけです。

首都圏にお住まいの方は、自分の住んでいる選挙区のみにこだわらず、該当する政策分野を担当している委員会所属の議員を見つけて、議員会館の事務所に連絡をしましょう。選挙制度を担当する委員会なら「総務委員会」です。その所属議員との面会を目指しましょう。

委員会の所属議員はインターネットで簡単に見つけることができます。衆議院ならホームページ（http://www.shugiin.go.jp）の「委員名簿」で、参議院ならホームページ（http://www.sangiin.go.jp/）の「今国会情報」から各委員会の委員名簿を開くことができます。衆議院の場合は代表電話（〇三―三五八一―五一一一）、参議院なら代表電話（〇三―三五八一―三一一一）から「〇〇議員の事務所にお願いします」と頼めばつないでもらえます。市販されている『国会便覧』には直通番号や政策秘書の名前も載っています。議員が開設しているホームページで直通番号を載せている場合もあります。

議員に面会して「議員立法」を提案する

電話で単刀直入に「○○議員にお会いしたい」と頼んでみましょう。慣れた秘書であれば「どんなご用件でしょうか」と聞いてくれたり、「ご用件をFAXかメールで送ってください」と即応する場合もあります。準備しておいたA4用紙一枚に、あなたの連絡先を書いてサッと送るようにするとよいでしょう。「お会いしたい趣旨を書いて送りますので、日程調整をご検討ください」と手短に済ませることも大切です。

「議員と相談してお返事します」と言われればラッキーですが、そうでない場合もタイミングを見計らって再度電話して、日程調整をしてもらえるかどうか聞いてみましょう。

市民からの働きかけに慣れていない事務所や、門前払いする事務所、政策担当秘書がつかまらない事務所、日程調整を担当する秘書がいる事務所などさまざまですが、十本に一本、成功させるつもりで挑戦しましょう。電話の感触で、「十五分でも構いません」とか、「議員がもしお忙しいなら政策担当の秘書の方でも構いません」などと食い下がることも手です。

面会が実現したら、議員との面会は長くて三十分だと考えて、話すことを練習しておきましょう。十分程度で議員立法の提案の趣旨を説明し、質問に答えたりしながら、理解を深めてもらいましょう。

もしも、運良く検討してくれることになった場合、法制作業（立法する作業）には最初に不可欠なものが三つあります。一つ目は、立法の趣旨や目的、理念です。二つ目は、その立法が必要になった社会情勢などの事実です。「立法事実」と言います。三つ目は法律に書き込む中身です。それらを最初から簡潔にA4用紙一枚で書いておけばよいわけです。

法案骨子→要綱→法案

それらが妥当なものと議員が納得して議員立法ができる状況にあれば、あなたの提案に乗ってくれる可能性はあります。すべてがうまく行けば、議員と法制局の間で法制作業が始まります。法案の核となる「骨子」、肉付けをした「要綱」、条文の形にした「法案」の順でできていきます。

どんなタイミングで何を準備していけばいいでしょうか。議員立法の働きかけの狙い目は、九月から十月あたり、臨時国会の前までに働きかけをはじめ、年末までに法制作業を本格化してもらうことを目指しましょう。一人の議員の説得から始まって法制作業が開始される場合もあれば、広範囲にロビイングをして勉強会などを全議員に呼びかけて開催しているうちに、議員たちが賛同し合い、党の垣根を越えて超党派の議員連盟などを作って自主的に動き始めて法制作業へ向かう場合もあります。また、一議員と市民が水面下で法案骨子までまとめてから、それを市民の手で他の議員や他党にロビイングするなど、「市民立法」のやり方はケースバイケースでさまざまあります。

議員側では、法制作業と前後または並行して、賛同議員を集めたり、党としての意思決定のプロセスに乗せたりなど党内外の手続や発議の準備を進めなければなりません。世論が動かない場合は議員も党も動かないので、あなたは議員の動きと同時並行で「十八歳被選挙権」のテーマのシンポジウムや集会を一般向けに開いたり、メディアへの情報提供を行ったり、幅広く世論形成を働きかける必要があります。通常国会に向けてどのように世論形成を行っていくか、水面下で何をするか、オープンに何をやるか綿密に戦略を立てましょう。

その一環として、議院運営委員会や国会対策委員会、「十八歳被選挙権」を審議することになる総務委員会の与野党筆頭理事からヒラ委員まで、会ってくれる議員にできるだけ多く会って、面談と情報提供を行いながら情報収集を行います。このとき収集できる情報は、議員自身の賛否や考え、議員立法を成功させるために働きかけに行った方がよい議員は誰か、党としての考えはどのようなものになりそうで、もしも五分五分ならば誰を説得しなければならないかなどです。思いきってキーパーソンなどを尋ねてみましょう。もしも具体的な議員の名前を教えてくれた場合は、「紹介してください」とか「〇〇議員にご紹介いただきましたと言って訪ねて行ってもいいですか」と、積極的に他の議員へのロビイングの橋渡しをお願いしましょう。

法案ができたら世論形成を

あなたの提案がきっかけで法案が完成し、国会に発議できても道半ばです。先述したように、法案の審議入りは、国会に到着した順ではありません。世論が相当盛り上がらないと、議員立法の審議は後回しになり、会期切れで廃案になってしまいがちです。二〇一五年は、七十本を超える議員立法のうち成立したものは十本あまりに過ぎません。もしも運良くあなたが提案した市民立法が、本当に法案の形になって提出されたら、すべての力を振り絞って、さらなるロビイング、アドボカシー、メディアワークに力を入れましょう。メディアワークにもさまざまなやり方がありますが、一般的なやり方は、何かを行うたびにプレスリリースを作成して、政府に意見書や質問書として書いたことや、集会や学習会やイベントやデモの案内を継続的に知らせたりすることです。

世論を二分するような法案では、与党は新聞の社説を書く論説委員に対するメディアワークを行うことがあります。実際には一斉に呼び出して横並びで「説明」をすることもあるようです。これも負けずにやりましょう。新聞社本社に電話して、「御紙《おんし》の社説を書く論説委員に、国会に提出される予定の〇〇法案の件でお話しをさせていただきたい」とか「社論をお伺いしたい」など真正面からぶつかっていきましょう。新聞社によっては論説委員が現場の記者も同席させて話を聞いてくれる場合があります。

さらに、議員を前面に出して（あるいは共同で）、市民立法のことをアピールする記者会見をオープンに行うやり方も可能です。マスコミ各社に連絡をして議員会館の一室で記者会見を行うことも、府省の記者クラブへ出向いて行うことも可能です。「公職選挙法改正」に関することなら、総務省の代表電話から「記者クラブ」に回してもらって「○○について記者会見を行いたいのですが」と申し込んでみましょう。

報道は世論形成には欠かせない存在であり、国会での「審議入り」を大きく左右します。どのように世の中に伝えてもらいたいか議員側と相談して効果的なやり方やタイミングを見極めましょう。

成立後を見越して質問案を託す

審議入りしても、市民立法を仕掛けた側の役割はまだ終わりません。この章の最後に、審議入りした後の参加の仕方をまとめておきます。法案審議の間に行うべきことです。

内閣提出法案であれ議員立法であれ、法律というものの性質上、細部まで細かに書くことができません。その代わり、多くの法案には○○については「政令で定める」という言葉が挿入され、詳細は官僚が作る「政令」で定められるのです。そこで、国会審議では法案が成立したあとのことも考えて、運用段階での行政裁量に縛りをかけたり具体化させたりするための「国会答弁」を取る作業が重要です。

大臣や閣僚から出る答弁は、法案作成段階で府省間であらかじめ「意見照会」を行って合意形成した範囲でしか出て来ません。それでも現状の問題を突きつけて大臣の踏み込んだ答弁を求めることは無駄ではありません。行政裁量の行き過ぎを防ぐ方向性で、大臣の答弁によって裁量に縛りをかけたり、対策の範囲を広げたりすることが重要です。たとえば、国民の権利を縛りかねない法案では権力に歯止めをかけるための答弁を引き出します。また国民の安全を確保する環境に関する法案などでは企業が社会的責任を果たせる方向に規制対象を広げる方向で答弁を引き出すなどです。政令が定められる時に、国会審議や大臣答弁が反映されることがあるからです。そのための質問案を準備して、議員たちに託すことは重要です。

野党からの対案も含めて慎重な審議がまともに行われた場合、まれではありますが、修正案が通る場合があります。その修正協議や最終調整が行われるのは、先述した理事会です。

また、原案通り可決する場合に、残された課題などを「付帯決議」としてまとめる場合がありますが、その案作りは、調査室がたたき台を作り、与野党の筆頭理事（やその政策秘書）が加えたり削ったりして最終案をまとめて、リジコン、理事会にかけて委員会で決議が行われます。国会答弁や修正協議から弾《はじ》かれつつも検討事項として残すことに与野党として合意ができたものが「付帯決議」としてまとまります。

委員会審議を傍聴しながら、積み残されたと思う課題を整理して、採決の前々日ぐらいまでに与野党の筆頭理事に提供して、付帯決議に加えてもらえるよう働きかけることも効果的です。また、衆議院での審議の積み残し課題を参議院の委員会でそれが解消されるような大臣答弁を引き出すべく、参議院の所属委員に質問案を持っていって提起することも大切です。

裁決時に行われる賛成討論や反対討論も無駄ではありません。言いっ放しの討論では意味がないのではないかと思う人がいるかもしれませんが、後に法律の成り立ちや運用上の問題を辿る時に、問題解決の糸口になる場合があるので重要です。賛成や反対討論に盛り込むべき点を働きかけることも大切です。とにかく最後まで諦《あきら》めないことです。

第三章

予算審議に参加する

1　税金を使う・集めるのは国会

「ニッポン」家の家計は火の車

年収は四百万円なのに、毎年六百万円の借金をして一千万円を使う家庭があったとします。しかも借金が一億円あり、返済の期限が来ると、また借金をして借金で借金を返す状態です。おじいさん、おばあさんは病気がちで、お父さん、お母さんは共働きですが、大企業に勤めている給与の高い息子は理由を付けてあまり家計を助けず、娘は派遣社員だから稼ぎが少ない。

もうすぐ両親は仕事を引退する年ですが、昭和三十年代に建てた家が雨漏りを始め、風で屋根が吹き飛びそうです。にもかかわらず、昔おじいさんがおばあさんに作ることを約束した庭の池や車庫を毎年着々と作り続けています。また、強盗に襲われるかもしれないからと、高価な銃をローンで何丁も買う契約をしています。あとの始末は、まだ生まれてくるかどうかも分からない孫やひ孫たちがなんとかしてくれるのではないかと、この一家はなんとなく思っています。

今の日本の「財政」を、無理やりに家計にたとえるとこんな話ではないでしょうか。

財政とは「みんなのお金」をやりくりすること

この章では、国の税金の集め方と使い方がどのように決定されているかを見ていきます。

そうしたお金のやりくりを表す言葉に「財政」という言葉があります。財政学者たちによれば、「財政」とは「Public Finance」の翻訳語で、明治時代に日本で作られた言葉です。「パブリック」とは「公《おおやけ》」の意味で、日本では「国の」という意味にとられがちで、政治家の中にも勘違いしている人がいます。

しかし、パブリックの本当の意味は「公衆」です。つまり、「財政」とは「「みんなのお金」をやりくりすること」を意味します。

「税金」などで集めたお金を「歳入」、税金を使う方を「歳出」と言いますが、その年の歳入と歳出が、借金やその返済を抜きにして、差し引きゼロになることを「プライマリーバランスの均衡」と言います。日本政府は、長年、このプライマリーバランスを均衡させることを財政の目標としていますが、その達成は、先送りになっています。

近年、日本の財政は、借金を除いた「歳入」四十兆～五十兆円に対して、「歳出」は約百兆円で、その差を「国債」という借金で補っています。財務省によれば、国債の残高は計八百七兆円（二〇一五年度末時点）です。このままでは将来はもっと大きな金額になります。

「財政学」という学問の世界では、やりくりの原則は「出を量って入りを制する」ことだと言います（四文字熟語で「量出制入」とも言います）。国として何をやるか「歳出」を決めて、それに必要な「歳入」を調達するという考え方です。

財政法では、その年の収入は次の年に使ってはならないとなっています。正確には財政法第四十二条で、例外を除き、「毎会計年度の歳出予算の経費の金額は、これを翌年度において使用することができない」と表現しています。簡単に言えば、余らすほどに余分に税金を取ってはいけません、翌年に繰り越さなければならないほど税金を集めてはいけません、ということです。これを「会計年度独立の原則」と言います。「支出」と「収入」が同じになるように予算を立てなさいという意味ですね。第四十二条でいう例外とは、借金などのことですが、これについては後述します。

つまり、これは「必要な分だけ税金を集めなさい」ということで、「必要なだけ税金を集めなさい」ということとは違います。先ほど、「ニッポン」家の家計を例に挙げましたが、収入には限界があり、家の屋根が雨漏りをしているのに、庭に池を作ることは「必要なのか」考えましょうということでもあります。

財政は「「みんなのお金」をやりくりすること」なので、大切なのは、歳出や歳入について無関心にならずに「みんなで決める」ことです。

憲法では第八十六条で、「内閣は、毎会計年度の予算を作成し、国会に提出して、その審議を受け議決を経なければならない」とされています。つまり、予算案を作るのは内閣が率いる府省ですが、国会議員は、国会審議を通してそれが適切かどうかを判断する大きな役割を担っています。私たちは一票で議員たちにその役割を託しています。

予算編成と予算審議

具体的に一体、何をどう託しているのでしょうか。予算案がどのように編成され、国会でどう審議されるか、流れをまず確認しましょう。

会計年度は四月一日から始まりますが、その後しばらくすると、さまざまな政策や事業を抱えている府省の担当者や自治体は、早くも次年度の国家予算獲得に向けて動き出します。七月から八月に向けて、予算要求を受けた財務省がそれらを取りまとめて、九月初旬ぐらいまでに、内閣として「概算要求」を閣議決定します。年末までに最終的な予算案が編成され、内閣が閣議決定します。一月に始まる通常国会に予算案が提出され、三月末前に可決成立します。国と自治体はこれを毎年繰り返しています。

四月から始まった予算を補う補正予算案が、秋の臨時国会や翌年一月の通常国会の冒頭で審議されることも恒例となっています。

憲法第六十条で「予算は、さきに衆議院に提出しなければならない」とあり、必ず衆議院で先に審議されます。また、可決した予算案が参議院で否決されたり、三十日以内に議決しない場合は、衆議院で議決した予算が成立します。

国には大きく分けると二つの会計（サイフ）があり、何にでも使える「一般会計」と使い道が決まっている「特別会計」に分かれています。現在、特別会計には十四分野があり、どちらの予算書も財務省ホームページの「予算書・決算書データベース」(http://www.bb.mof.go.jp/hdocs/bxsselect.html)で見ることができます。

五つの要素で構成される予算書

予算書はたいへん分厚く、読みにくいものですが、財政法に従って五つの要素から構成されています。それらを説明すると、「予算」と「国会」の関係がよく分かるので、簡単に解説します。

一つ目は、「予算総則」です。これは予算書の概要のようなものです。「予算」の大枠の額が書かれているだけですが、二〇一六年度の予算書を例に言えば、約二十頁《ページ》のボリュームです。

二つ目は、「歳入」と「歳出」についてで、計約六十頁です。

次に「会計年度独立の原則」の例外扱いが三つ並んでいます。

三つ目は、その例外扱いのひとつ、「継続費」です。これは複数年にわたってしか行えない事業の予算です。事業の総額と各年度に支出する額が書き込まれています。継続できるのは原則五年以内とされて、国会の議決が必要です。例外ですから三頁のみです。

四つ目は、「繰越明許費《くりこしめいきょひ》」と言います。これは、一年で終わる予定だけど、予定通りには行かない場合も想定し、翌年に繰り越す許可をあらかじめ取っておく予算です。これも国会の議決が必要です。約三十頁あります。

五つ目は、「国庫債務負担行為」です。これは、簡単に言えば、国が借金で行う行為です。これも原則の例外なので、憲法と財政法の両方で、国会の議決が必要だと定めています。たとえば、ダムや道路などの施設は将来の世代も使うから、借金（国債）で作って、その返済（償還《しょうかん》）を将来世代にも負担してもらうという考えに基づいています。

こうした国債を「建設国債」または「四条国債《よんじょうこくさい》」と通称します。「四条」とは財政法第四条のことで、「国の歳出は、公債又は借入金以外の歳入を以《もっ》て、その財源としなければならない。但《ただ》し、公共事業費、出資金及び貸付金の財源については、国会の議決を経た金額の範囲内で、公債を発行し又は借入金をなすことができる」と定められています。つまり、歳出は借金以外で賄うことが原則ですが、例外的に、未来世代も使える公共事業や、投資的な「出資」や戻ってくる「貸付」なら借金をしてもよいという意味です。

国債にはその他、特別に法律を作って限度額を決めて発行する「特例国債」または「赤字国債」と呼ぶものもあります。

たとえば、二〇一六年度は六兆一千億円の建設国債と、上限二十八兆四千億円までの赤字国債の発行を可能にする「財政運営に必要な財源の確保を図るための公債の発行の特例に関する法律」で、合計三十四兆四千億円の国債発行を可能にしました。それらの使い道の主な項目が府省別に、約五十頁にわたって書いてあります。

予算の明細書や各省からの要求書は、最後に約九百頁にわたって添付してあります。

以上のように、すべての予算は国会の議決を必要とします。逆に言えば、国会が「とんでもない」と判断する予算は、その予算を削った「修正案」が議決されれば、削られることになります。

六カ月の会期を持つ通常国会の約半分は、この予算審議に費やされます。

税金を課す・免ずるは法律で定める

一方、税金の集め方については、予算案とは別で、一群の法律で定めます。憲法では、第八十四条に「あらたに租税を課し、又は現行の租税を変更するには、法律又は法律の定める条件によることを必要とする」と定められています。つまりこれも、最終的には立法府の役割です。この場合の「立法府」とは地方自治体の議会も含まれており、自治体が独自に課税する条例を作ることが可能です。税金に関する法律なしに勝手に誰《だれ》かが税金を取ることはできません。

税金の制度は、毎年、変わっています。その手続は「税制改正」と呼ばれます。その流れはどのようなものでしょうか。

「税制改正」の手続は、毎年、通常国会が終わった夏頃《ごろ》に、内閣府で「税制調査会」が開かれて始まります。「税制調査会」は約四十名からなる有識者の会議です。

毎年最初の会議で、国が徴収する「国税」については財務省から、地方自治体が徴収する「地方税」については総務省から、終わったばかりの通常国会で成立した、その年の税制についておさらいをします。次に、経済財政諮問会議や閣議で決定した経済財政運営の方針などが説明されます。

経済財政諮問会議の焦点は「経済」です。この会議は二〇〇一年に省庁が再編された時に内閣府にでき、「経済財政政策担当大臣」も創設され、その担当大臣が、第二章で書いた「政府四演説」の一つである「経済演説」を行うようになりました。

省庁再編の前に「経済演説」を行っていたのは「経済企画庁長官」です。省庁再編で廃止された経済企画庁は、戦後に経済を安定させるために設置され、計画的に経済を大きくすることを担った官庁です。経済成長を遂げたからこそ廃止されたのですが、それを「経済財政諮問会議」が受け継いだ形です。

日本はすでに少子高齢化時代を迎えているため、本当なら、「経済演説」を「福祉演説」に、「経済財政諮問会議」を「福祉財政諮問会議」にしても不思議はありませんが、今でもまだ人々の暮らしを豊かにする「福祉」よりも、経済を大きくする考え方が、国家の運営で重視されていると言えます。

税制改正大綱から税法の提出

「税制調査会」では、十一月頃まで勉強や意見交換が行われ、論点や答申がまとめられます。

それと並行して各府省も、財務省に対して毎年八月下旬までに「税制改正要望」を提出します。そのタイミングは予算要求と同じ時期です。

政府（財務省）はそれらを総合して、毎年十二月に要望のどれを採用するのかを判断して正式にまとめ、内閣が閣議決定します。それを「税制改正大綱」と言います。

その後、「税制改正大綱」を財務省が法案の形に仕上げて内閣が閣議決定し、通常国会に内閣提出法案として出します。

消費税法や所得税法をはじめ、たくさんの税法とたくさんの項目があるので、法律名は「等」を使って一本にまとめられ、「租税特別措置法等を一部改正する法律案」や「所得税法等を一部改正する法律案」などの名称で提出されます。「等」をつけて一本でくくられる税制の法律案は、毎年、数百頁に及びます。

国会の役割は、税制を法案として審査することです。本会議で財務大臣から趣旨説明

図表3の1　2016年度一般会計歳出

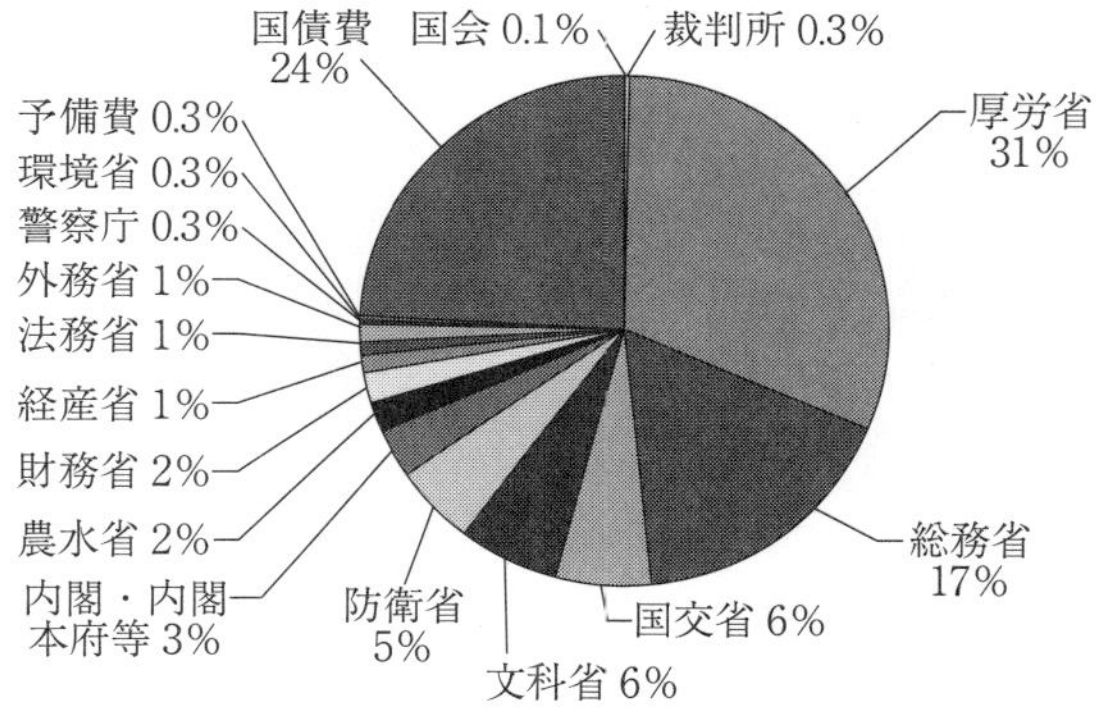

された後、衆議院と参議院にある財務金融委員会に付託され、審議されます。予算案と同時期に国会に提出されますが、予算案と違って審議時間が十分に取られることはなく、脚光を浴びるとしても、分厚い法案の中の消費税ぐらいのものです。

予算の審議は予算委員会、税制の審議は財政金融委員会と、二つは別々に行われます。

2　歳入と歳出が均衡しない現実

予算編成の現実

本来は「量出制入」で均衡させなければならない予算ですが、実際はどのようになっているのでしょうか。積み上がった歳入と歳出、そして税金の中身を実際に見てみましょう。

まず、図表3の1の二〇一六年度一般会計の「歳出」を見て下さい。円グラフ左上の「国債費二四パーセント」というのは過去に国が行った借金（国庫債務負担行為、一般には国債）の返済に充てられる割合です。国の収入の四分の一が借金返済で消えていることが分かります。

二〇一六年に生きている私たちが、この年のやりくりをする前に、返さなければならない額が決まっていて、結果的にそれは支出の四分の一を占めています。

府省別に見ると「社会保障費」を抱える厚生労働省が全体の予算の三割、自治体への交付税を抱える総務省が約二割と大きく、国土交通省と文部科学省が三番目です。借金返済にあたる「国債費二四パーセント」には、過去から託された「建設国債」によるインフラ整備費も含まれていることを忘れないようにしましょう。

では、二〇一六年度の「歳入」はどうでしょうか。図表3の2を見てください。二〇一六年に生きている私たちは、その三六パーセントを借金で賄っています。「量出制入」

図表３の２　2016 年度一般会計歳入

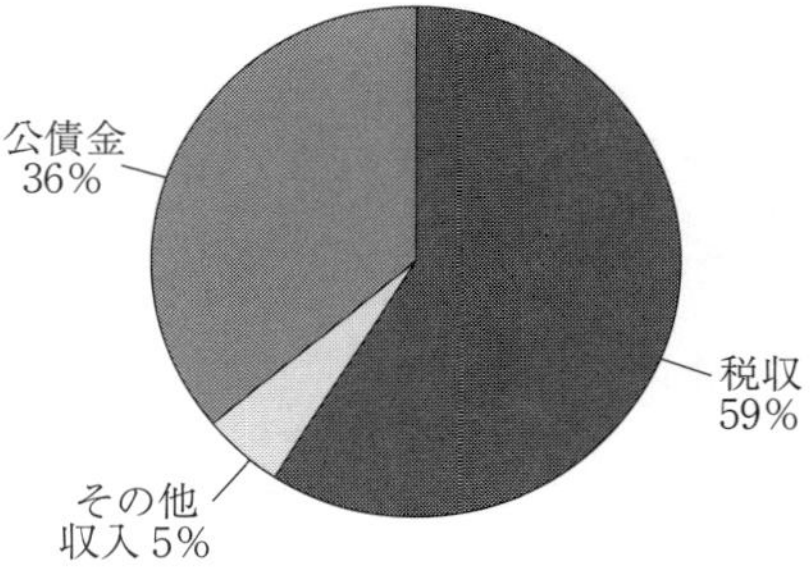

図表３の３　2016 年度税収と印紙収入

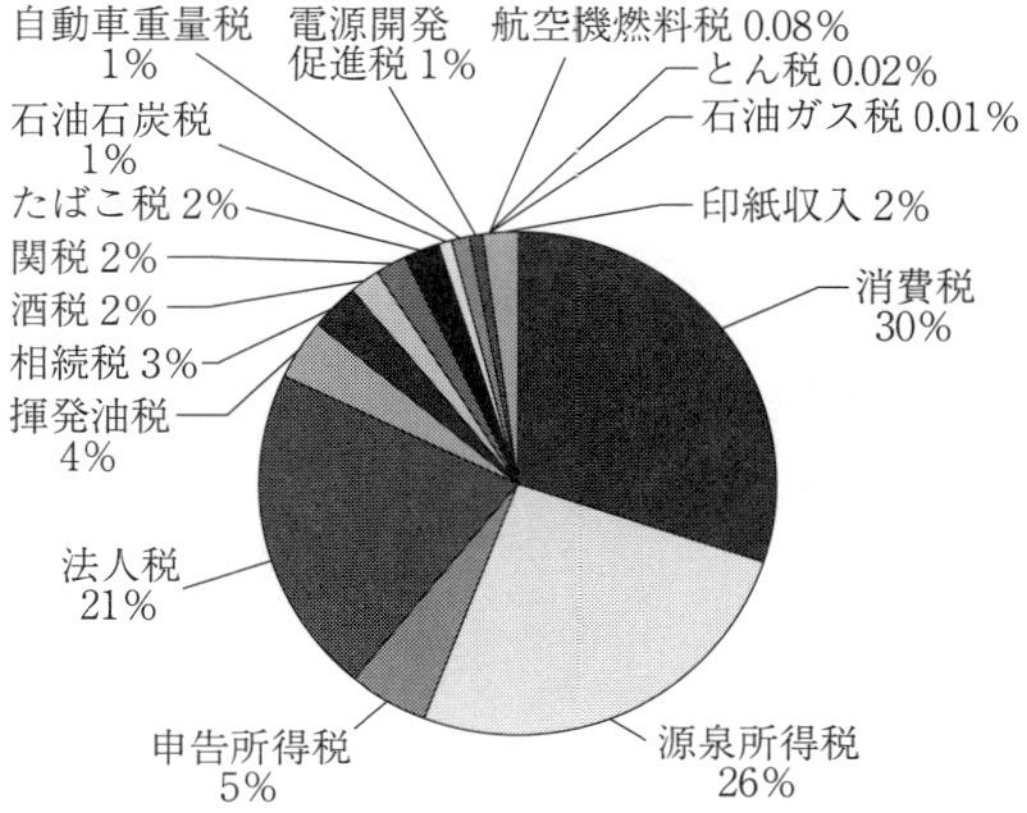

で、必要なものを積み上げたら税収に届かないので、借金で補うことにしたことを意味します。すなわち、今、私たちが過去の世代から負わされているようにこの三六パーセント分を未来世代に負わせることになります。順繰りだから良いではないかという話ではありません。日本は少子高齢化していますから、より少ない人口でより多くの借金返済を負わせることを意味します。本当に「必要なもの」が「出」に積み上げられているのか、私たち主権者はしっかり見極めることができているでしょうか。

では、二〇一六年度の歳入の約六割を占めている「税金」は、どのように集められているでしょうか。図表3の3を見て下さい。消費税が三割を占めています。一九八九年に初めて三パーセントの税率で導入されて以来、税率がドンドン上がり、現在では最大の財源となっています。

次に給料などから自動的に徴収（源泉徴収）される「源泉所得税」が三割弱、自営業者などが税務署に申告して支払う税金は五パーセント、企業が支払う法人税は二割のみです。

『財政のしくみがわかる本』（岩波ジュニア新書）の著者で財政学者の神野《じんの》直彦《なおひこ》さんによ

れば、同時期に高度経済成長を経験しながら、福祉国家へと転換した国と日本では課税に違いがあったと言います。「福祉国家」へと転換した国では、高度経済成長を遂げている間に企業にしっかり課税して税収を増やし、教育や医療の体制を整え、少子高齢化社会に至る準備をしました。

日本は、その間もっと経済を成長させるために企業への税金を減らす一方、さらに借金で財政出動（バラマキ）をして、公共投資に邁進《まいしん》し、経済を土建業で潤す政治・経済の体制「土建国家」ができてしまったのです。少子高齢化社会への準備が整う前に、経済が勢いを失い、税収も上がらなくなり、莫大《ばくだい》な借金が残りました。

「土建国家」から転換できなかったワケ

それにしても、なぜ、日本は「土建国家」の道から抜け出すことができなかったのでしょうか。

実は、私が社会問題に関心を持った最初のきっかけは、国が必要性の不明確な、古いダム計画を推進しているという問題に遭遇したことでした。調べると「農業用水が足りない」と言いながら、どれだけの水を使っているのかさえ把握されていないおかしな計画でした。突き詰めていくと、それは経済財政諮問会議の前身である経済企画庁が高度経済成長期に定めた「全国総合開発計画」（現在は同会議が引き継いだ「国土形成計画」）で謳《うた》った「国土の均衡ある発展」を目指して作った高速道路やダム、港湾、空港、下水道などの建設計画の氷山の一角でした。そこに計画があることが建設理由だったのです。

「福祉国家」になるかどうかの別れ道は高度経済成長期の一九七〇年代にありましたが、先進諸国では、その間、政策や計画や事業の決定に国民の意見を反映させる制度をつくったり、生物や人間にとって暮らしやすい環境を守る仕組みを整えてもいました。

一方、日本は「時期尚早」などの理由で、経済を優先させて、国民の意見を政策に取り入れる制度作りを後回しにしたのです。さすがに一九九〇年代の半ばになり「無駄な公共事業」や「環境破壊」などの批判の声が高まり、制度が変わり始めました。

しかし、制度が多少変わっても、「そこに計画があること」が変わらず、それがどうしてなのかは国会の中にいても分かりませんでした。それがある時、ある自治体職員が聞かせてくれた「ヤラセ陳情」の話で、途端に理解ができました。それは次のようなものです。

官僚と天下りチームによる自治体のコントロール

「ヤラセ陳情」とは、国の中央官僚から都道府県に対して、府省の予算を要求するよう指示をするシステマティックな陳情のことです。

霞ヶ関《かすみがせき》（「府省」の別名）・永田町（「国会」の別名）周辺では、毎年四月から六月の間、事業種類ごとに、国会議員を来賓に、全国から地方議会の議員や首長が集まって大きな会場で陳情大会が開催されますが、その指示を行っているのは官僚だというのです。

指示の仕方は巧妙で、証拠が残らないように官僚からは電話ですが、同時期に先輩官僚が天下った業界団体から市町村や都道府県に対しては、陳情書のフォーマットが送られてきて、そこに自治体名を入れれば陳情書が完成するようになっています。大会間近になると、都道府県が市町村長に電話をかけて、陳情大会への出席を求めます。

大会当日には、陳情団が衆議院と参議院の議員会館にも押し寄せて来て、議員の部屋から部屋へと挨拶《あいさつ》に回ります。大会の出席者が手分けをして、数人から十人ほどの陳情団を作って回ります。

たとえば、神奈川《かながわ》県選出の国会議員のところには、県職員の手引きで、県議や市町村長や議会議長が引き連れられて来ます。「今日は〇〇事業にご理解をいただきたく要請に回っています。〇〇先生におかれましても、予算獲得にご協力いただけますようどうぞよろしくお伝えください」と陳情書と、名刺の束を差し出して頭を下げていきます。政策秘書としてそれらを受け取りながら、別々の自治体が一斉に陳情活動をする「行事」の意味がわかりませんでしたが、その指示が官僚から都道府県、都道府県から市町村長に行き届いていると聞いて納得がいきました。

つまり、ヤラセ陳情とは統制のとれた「官製民意」の演出であり、陳情を指示した官僚にとって、財務省への予算要求でそれが意味を持ちます。また、市町村、都道府県を巻き込んだ国会議員への官僚によるロビイングでもあったのです。

市町村では、そうした事業が不要だと思っても、自治体財政を国や都道府県からの補助金や交付金に頼っている立場上、言われた通りにしなければ、他の予算をカットされると考えています。そうした見せしめがいくつもあるからです。二つの例をあげます。

国の苫田《とまた》ダム事業に反対していた岡山県奥津町《おくつちょう》（現・鏡野町《かがみのちょう》）では、一九八六年、内諾していた六十三件、七億円もの補助事業が止められました。これに対し、当時の岡田《おかだ》幹夫《みきお》町長が「死刑囚といえども処刑までは食事を与えられるではないか」と知事に抗議したことが、『ダムとたたかう町』（苫田ダム阻止写真集刊行委員会編）に記録されています。

同じく、国の細川内《ほそごうち》ダム計画に対して、徳島県木頭村《きとうそん》（現・那賀町《なかちょう》）の首長と議会と住民が一丸となって反対の姿勢を強めたところ他の公共事業予算が減らされました。当時、村長を務めていた藤田恵《ふじためぐみ》さんは、その著書『ゆずの里村長奮戦記　峡谷の里から自然保護を訴える』で、一九九三年度を境に公共事業予算が減り、一九九五年度の県発注公共事業の受注額は一九九〇年度比で六八パーセントに減少したことを記録しています。その代わり、近隣の上那賀町《かみなかちょう》（現・那賀町）では二三〇パーセントに、相生町《あいおいちょう》（現・那賀町）で一八六パーセントに増えたと記しています。

ヤラセ陳情について教えてくれた自治体職員は、「都道府県は市町村を赤子の手をひねるようにコントロールできる」と言いました。この職員の話にはその先があります。

「箇所づけ」についてです。

「議員が予算を取ってきた」ように見せる官僚による国会議員コントロール

「箇所づけ」とは財務官僚が行う、公共事業の細かい予算配分のことです。結論から言えば、官僚は国会議員のコントロールに、この箇所づけ情報を使います。

「箇所づけ」は、夏の概算要求の閣議決定後に行われ、官僚が自治体に対して十一月頃までに、ほぼ決まった「内示」として提供します。自治体はそれによって入札などの準備を始める必要があるからです。

しかし、この情報を官僚が「箇所づけ」という形で、国会議員に提供するのは、十二月末に予算案が閣議決定された後です。財務官僚が、議員の選挙区ごとの予算配分をプリントアウトし、A4封筒に入れ、議員名の後ろに「先生」と書き加えて、次のようなやり方で恩を売ります。

力のある議員のところには課長補佐クラスの官僚が届けに行く。大臣経験者には局長が出向くこともある。一方で、野党議員には「取りに来てください」と議員事務所に電話をかけて財務省まで取りに来させるが、それも与党議員に持っていくより一晩遅らせる。共産党や無所属の議員事務所には知らせもしない。同じ箇所づけ情報でも、このように議員の格に応じて差を付けています。

そして、箇所づけ情報を得た与野党の議員事務所は、本人や秘書が手分けをして、議員会館に予算陳情にきた市町村長に予算がついたことを電話で知らせます。そして、事業の入札が始まる前に、再び議員は市町村長に電話をかけることによって、受注業者から献金の見返りを受けることを意図するのだと言います。

つまり「議員が予算を取ってきた」ように見せる儀式ですが、この話をしてくれた自治体職員に言わせれば、「議員が予算を取ってくるなんて、嘘《うそ》ですよ。牛耳《ぎゅうじ》っているのは官僚です。官僚はそれを百も承知で、議員に恩をきせるんです。だって自分たちで予算を作っているんですから」というのです。

自治体側も承知しています。ある市長経験者に、電話をどのように受け取るのかと尋ねてみて分かりました。確かに電話を受けたことがあり、「○○に予算が付きましたからって言うんですが、そんなことはちゃんと（役所同士）協議しているから知っている。

（略）本人は重要なことを伝えているつもりなのかもしれないけど」馬鹿なことをやっていると感じていたという感想をくれました。

ちなみに私がいた議員事務所は箇所づけ情報の電話をしない事務所で、話を聞けた市長経験者も、そんな電話を相手にする人ではありませんでしたから、コントロールを受ける国会議員は一部でしかありません。しかし、その多少にかかわらず、いえ、むしろ一部でしかないにもかかわらず、「土建国家」ニッポンの予算は、官僚が描くシナリオの中で作られていたことがわかったのです。

話をしてくれた職員に問うと、こんな茶番劇を繰り返すのは、法案を国会で通してもらうためだと述べました。第二章で触れたように、内閣提出法案は、与党がウンと言えば通るし、大物議員が本気で大反対すれば国会に提出すらできません。スムーズに仕事を運ぶには、恩を売っておけば頼りになるという考えだと言いました。

官僚には「前例主義」といって、先輩官僚がやっていたことをそのまま受け継ぐ習性がありますが、ヤラセ陳情をやめられない背景はそんなところにもあるのかもしれません。

余談ですが、箇所づけは官僚が牛耳っていることが国土交通大臣経験者の国会質問で明らかになったことがありました。自民党が野党だった時代、二〇一〇年二月十日の衆議院予算委員会で、元・国土交通大臣の金子一義衆議院議員が、与党となった民主党（当時）のある議員が未決定の箇所づけ情報を入手してばらまいたことを問題視し、「箇所づけ個別事業は、予算が通るまでは大臣室の私のところですら来ないんです」と漏らしました。

官僚によるヤラセ陳情に基づく予算編成が、高度経済成長期に「福祉国家」に転換できなかった「土建国家《ニッポン》」のカラクリでした。

予算審議の現実

こうした裏舞台とは切り離された表舞台が予算委員会です。予算委員会では、一般会計予算と特別会計予算の他に、政府系金融機関の予算の三案をすべて一緒に審議します。

財務大臣がその三案の説明を予算委員長から求められても、「継続費」、「繰越明許費」、「国庫債務負担行為」を特に切り出して丁寧に説明するわけではありません。

図表3の4　防衛省予算の推移

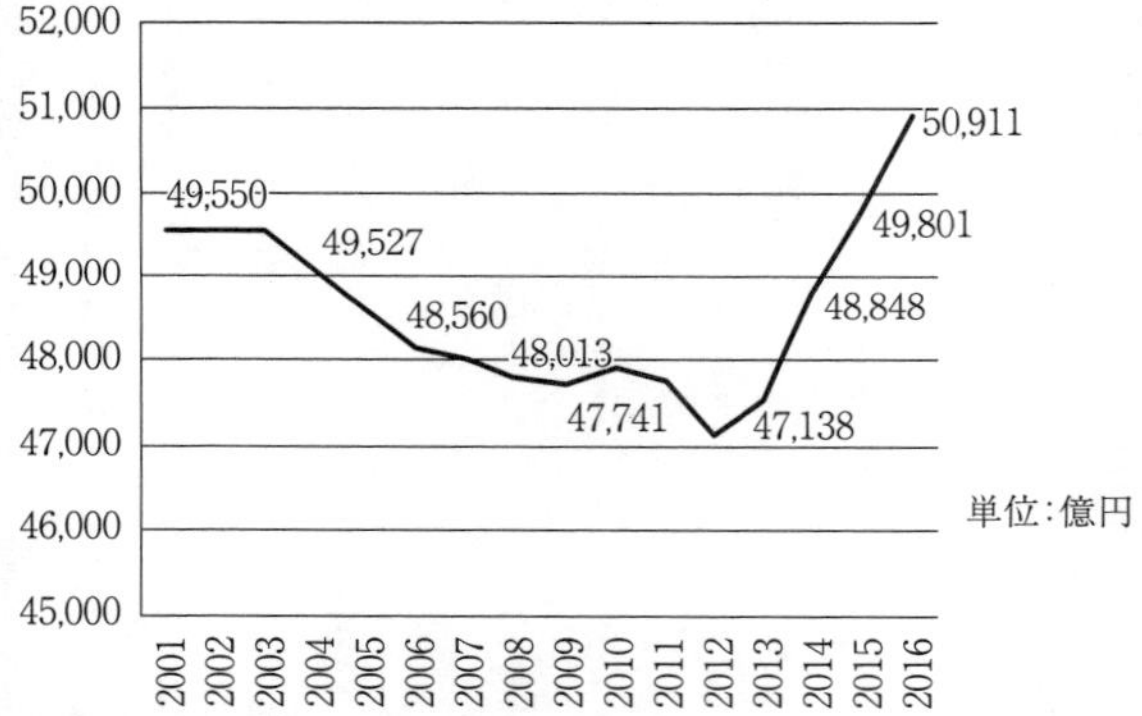

出典：平成27年度防衛白書
http://www.mof.go.jp/budget/budger_workflow/budget/fy2016/sy270904.pdf

ちなみに昨今、「継続費」が認められているのは防衛省予算だけです。先述したように、継続費は、継続するとしても五年以内が原則です。しかし、よく見ると、二〇一二年から五年間の警備船建造費、翌年には二〇一三年から五年間の潜水艦建造費と、防衛省は毎年、名目を変えて次々と未来の予算を「継続費」で縛っていることが分かります。そして、二〇一二年に第二次安倍政権が誕生した翌年の予算から、防衛費予算は連続して前年度に比べて増え続けています（図表3の4）。

予算委員会は、採決間際に「分科会」を設けて、各府省ごとの予算審査を一日だけ行います。防衛大臣は、分科会ではじめて防衛省予算の概要の中で継続費について説明していますが、そこでもほとんど議論がありません。「継続費」の意味があまり意識されないまま、予算全体の採決に向かいます。

採決では、「三案を一括して採決いたします」と予算委員長が宣言して、一般会計予算案、特別会計予算案、政府系金融機関の予算案について一気に採決し、起立多数となると、「ただいま議決いたしました」ということになり、三案の中に含まれている「継続費」、「繰越明許費」、「国庫債務負担行為」がきちんと議論されていなくても、全部を一括で、国会が議決したことになってしまいます。

特別会計予算と補正予算

特別会計予算を「国会で審議しない・させない」ものだと思い込んでいる議員を今も昔も見かけます。二〇〇三年二月二十五日の衆議院財務金融委員で、「特別会計」に改革のメスが入っていないことについて見解を問われ、塩川正十郎《しおかわまさじゅうろう》財務大臣（当時）が「私も、事実、ずっと長い議員生活の中では、これは実は疑問を持っておった点なのであります。要するに、母屋ではおかゆ食って、辛抱しようとけちけち節約しておるのに、離れ座敷で子供がすき焼き食っておる」と一般会計と特別会計を軽妙に喩《たと》えて、特別会計が野放図になっている状態を言い表しました。

しかし、誰かが意図して改革させなかったわけではなく、実は「特別予算の審議を国会議員がサボっていた」だけでした。塩川大臣の「長い議員」時代から現在に至るまで、一般会計と特別会計は常に国会に同時に提出され、一括で議決してきました。憲法第八十六条により予算は国会の議決なしには成立せず、全議員に一般会計と特別会計の予算書も配付されていますが、塩川大臣はそれらを自分で読んだことがなかったのかもしれません。

「離れ座敷ですき焼き」の軽妙な喩えがきっかけで、その後、特別会計の改革は始まりましたが、現在も、特別会計について詳細な質疑をする議員はあまりみかけません。その理由には次のようなことが考えられます。

1．予算委員会は衆議院で五十人、参議院で四十五人の大きな委員会です。テレビ中継もあって国会議員には人気で、党としてもウリなので、弁の立つ議員が閣僚のスキャンダルや社会の最新の政策テーマを取り上げることに終始します。「予算」にこだわって審議をする議員も中にはいますが、予算書を読まずに審議できてしまうのが実態です。

2．その他大勢の予算委員には質問の機会があまりないので、予算書を読むモティベーションがありません。大政党には国会会期中に一度も質問に立たない予算委員もいます。

3．百本近くある法案を手分けして分業するので、予算委員会以外の議員は予算書を読む必要や余裕がありません。

三案一括で一般会計と特別会計の予算案と一緒に予算委員会に付託される政府系金融機関の予算も同様です。行政改革の一環で数は減りましたが、政府系金融機関について審議する議員はほとんどいません。

それと対照的で注目を浴びやすいのが「補正予算」です。

財政法第二十九条では、予算作成後に「特に緊要となつた経費」について補正予算を組むことができるとされていますが、毎年、緊急性のない補正予算が編成され、可決成立しています。

税制改正のプロセス

さきほど税制の法案は、内閣府の「税制調査会」や各府省が出す「税制改正要望」を内閣が法案の形に仕上げて国会に提出すると言いました。

実はもう一つのプロセスがあります。与党の税制調査会です。長年政権を担った自民党には、「自民党税制調査会」という恒常的な組織があり、会長にはベテラン議員が就任します。勉強会の名の下で、府省の他、業界団体から税制改正要望を受けて、毎年十二月に党として翌年の「税制改正大綱」をまとめます。

これと政府の「税制改正大綱」とどう違うのかと思うでしょう。たとえば、二〇一六年度に向けた大綱の一例を挙げると次のようなものがあります。

政府が最終的に閣議決定した「税制改正大綱」では、三頁目に「住宅の三世代同居改修工事等に係る住宅借入金等を有する場合の所得税額の特別控除の控除額の特例」とあります。しかし、各省庁が財務省に提出した「税制改正要望」を見ると、そのような要望はありません。

一方、自民党税制改正大綱を見ると、七頁目に「三世代同居に対応した住宅リフォームに係る特例の導入」が出てきます。「世代間の助け合いによる子育てを支援する観点から、三世代同居に対応した住宅リフォームに関し、借入金を利用して行った場合や自己資金でリフォームを行った場合の税額控除制度を導入する」と書かれています。このことから三世代同居住宅のリフォームの税控除は、与党税制調査会の声を反映したものであったことが分かります。

では各省が財務省に出す「税制改正要望」は一体、どうやって作られるのでしょうか。実は、ここでも、予算編成で大きな役割を担った業界団体が大活躍をします。業界団体は、公益法人（公益社団法人や一般社団法人など）として認定されている場合が少なくありません。こうした公益法人には、官僚が天下っています。元官僚ですから、業界に関する政策にも税制にも詳しく、それなりの人脈があります。業界から見ると、天下りポストに元官僚が来てくれることは、業界の意向を吸い上げて、業界のための「税制改正要望」を官僚用語でまとめてくれる便利な存在です。

これは、他にどのような意味を持つでしょうか。

公益法人では、全部が全部そうしているわけではないかもしれませんが、年に一回、総会を開く際に、どんな「税制改正」を政府に要望するか、意見を取りまとめることも会員サービスとして行います。総会後にパーティを開く際には、頼りになる大臣や議員を来賓として招きます。

議員から見れば、会員には企業会員がいて、そこで働く社員がいるのでいわば「票田」です。また、業界団体には、同じ会員を共有する政治団体が併設されている場合が多く、そうした政治団体は、政党支部に献金したり、政治家個人の政治資金パーティ券を買ったりすることが可能です。

現役官僚からすれば、税制要望は天下った先輩からの要望でもあります。所管する産業を育成する役割もあるので、業界の意見を聞くことを職務だと正当化することも可能です。

税制は、誰からどれだけの税を徴収するかを決め、富の再配分にかかわる大切な法案ですが、国民の知らないこのような形で、要望が上がり、大綱ができ、法案が提出されます。

税制の法案は、衆議院でも参議院でも、本会議や財務金融委員会で財務大臣が趣旨説明を行いますが、数百頁ある税制改正の項目一つひとつが丁寧に説明されることはありません。特定の業界が得をする法人税減税などは、こうした機会に、多くの人が気づかない形で、国会でもほとんど審議されずに通ることがほとんどです。「「みんなのお金」をやりくりする」ための税金は、あまりにも一部の人々の意向で決定してしまうのが現状です。

3　予算委員や財政金融委員に質問を依頼しよう

現在の日本では、予算も税制も、限られたサークルの中で決まっていることがお分かりいただけたかと思います。第二章で紹介した立法と同じで、予算も税制も、国会に提出される頃には、与党の党議は終わっていて、問題があると分かっても修正が行われません。

衆議院予算調査室への取材によれば、平成以降（一九八九年以降）、予算案に対する修正案が予算委員会に提出された数すら多くはありませんでした。

成立したのはたった一回、それも一九九六年、自民党・社会党・さきがけの連立政権下で、不良債権を抱えた金融機関に計六千八百五十億円を公的資金（税金）から投入するという修正です。その後、二〇〇二年、二〇〇八年、二〇一三年、二〇一四年の衆議院予算委員会に修正案が提出されていますが、すべて否決されています。

労力に比べて成功率の低さが、修正案が提出されないことの背景にあるかもしれませんが、それでも無気力に陥らずに、無駄な支出を抑えるために不適正な予算を差し引いた修正案の提出を求めることは、野党に期待したい仕事ではあります。

無駄だと思う税金の使い方を見つけたら、それを予算委員会で質問をしてもらえるように依頼することは一つのやり方です。第二章で紹介した「議員に面会して「議員立法」を提案する」の方法を応用して、質問の依頼をしましょう。

問題のある事業や支出、政策は予算委員会で、税制に関しては財政金融委員会の所属議員に依頼しましょう。またすでに支出してしまった予算に関する提起は、衆議院なら決算行政監視委員会、参議院なら決算委員会という委員会もあります。

さらに、税金の無駄使いについては、憲法第九十条に基づいて、会計検査院が毎年国会に検査報告をしていますので、その情報も踏まえて質問依頼をするとより効果的です。

会計検査院のウェブサイトには、国のすべての機関や政府系金融機関や独立行政法人などの分類と共に過去の検査報告からキーワード検索できるデータベース（http://search.jbaudit.go.jp/ja_all/search.x）が公開されています。

また、目の前の一つひとつの事業の無駄の指摘とあわせて、政策、計画、事業の決定プロセスに国民を参加させる制度を立法を通して充実させていく働きかけも同時に必要です。それは、「「みんなのお金」をやりくりすること」の最適化につながるのではないでしょうか。

選挙の時に、立候補者に、予算案や税制の編成過程には、現在、どのような問題があるかを尋ねてみましょう。まずは、それに答えられる国会議員を選挙で選ぶことが第一歩かもしれません。

第四章

行政の活動をみんなで良いものにする

1　行政監視に国民の力を使う制度の根幹

国会による三つの仕事

この章のタイトルである「行政の活動」とはなんでしょうか。そして行政の活動を良いものにするための「行政監視」とはどのようなものでしょうか。それらは、ここまでに書いてきた「立法」や「国会」とどのような関係にあるか、少しおさらいをしてからこの話に入っていきましょう。

序章で、「政治」とは、異なる考えを持つ人々の意見の調整をすることだと書きました。その調整の場が「国会」です。国会はさまざまある国民の意見を調整して、国民が主体となって国を治めるためのルールを作る場です。そのルール作りを「立法」と呼びます。その立法に従って国会が審議した予算を使って、国として活動をしますが、その実行部隊が「行政」です。

「行政の活動」とは、みんなで決めたことを行政が国民に代わって実行することです。あくまで指令塔は国民であり、国民が投票で選んだ議員が間接的に国民のために行政の指令塔を果たします。そして、行政の活動が法に適っているかどうかを見ていく仕事を「行政監視」と呼びます。

つまり、国会の仕事は主に三つです。一つは「立法」、一つは「予算審議」、そして三つめが「行政監視」です。

国会は国の要《かなめ》で、憲法第四十一条で「国会は、国権の最高機関」と定められています。唯一の立法機関であり、予算は国会で議決されなければ成立せず、税制は国会が法律で定めなければなりません。さらに国際社会で締結する条約も、国会の承認が必要です。

しかし、第一章から第三章まで見てきたように、実際には形式的に体面を保っているだけで、官僚を中心に特定の人の意見ばかりを反映する仕組みが発達してしまいました。国民の意見が反映され、「国民主権」という本来のあり方に近づくためには、国会が「立法」を通して、国民が直接、行政の仕事に口を出すための仕組みを充実させていく必要があります。国会だけが頑張らなくても、主権者である国民自身が、行政の決定に影響を与え、行政がその判断や行為に責任を持たなければならない仕組みです。

これは、行政とそれを監視する国会の規模の差から見ても道理に適っています。活動の規模を二〇一六年度予算で見た場合、日本の行政の予算が七十二兆六千三百二十八億円であるのに対して、国会の予算は、その端数にも満たない一千三百八十七億円です。単純計算で言うと、国会は約五百二十四倍の巨大組織を監視しなければなりません。主権者である国民の力を借りることが、法治国家として大変重要なことなのです。

こうした考え方は民主主義の国ではほぼ共通しており、法律の名称や構成は違いますが、行政監視に必要な法律を少しずつ充実させてきています。たとえば、行政が自分たちの活動や判断の経過を記録する「公文書管理法」や、国民がそれを「知る権利」を確立する「情報公開法」のことです。また、行政が作る規則や命令、政策や計画や事業案に対して、関係者が直接モノが言える仕組みを確立する「行政手続法」や、行政が恣意的な判断や不当な判断をした場合に異議を申し立てて、その行政内部の上司に確かめてもらう「行政不服審査法」や、司法にそれを訴える「行政事件訴訟法」などです。

米国では「政府の文書は国民が所有するもの」

その結果、どのようなことが起きているか、米国の例を見てみましょう。

米国では、まず一九四六年に国民が行政の手続に直接口を出して公正なものにするための「行政手続法」ができました。行政の仕事のやり方に対して、きちんと意見を言うためには、国民にしっかりと情報が公開されていなければなりません。そこで、「行政手続法」の中から、一九六六年に「情報自由法」が生まれました。また、それ以前に、一九五〇年に「連邦記録法」が制定されており、連邦政府（行政）の活動を記録するという下地がありました。その連邦記録法の運用にかかわる規則で「行政文書」とは何かが定義されているのを読んで驚いたことがあります。「私文書」を定義して、それ以外は「行政文書」だという考え方です。

たとえば、米国のヒラリー・クリントン氏が国務長官時代に、私的なメールアカウントを公務に使ったことが二〇一五年になって問題となったことがありました。連邦下院議会の「監査政府改革委員会」などが、「連邦記録法」違反の疑いがあるとして、調査に乗り出しました。この騒ぎの背景には、二〇一二年九月十一日に駐リビア大使が殺害された特殊な事件や大統領選などもありますが、国民の監視下で行政文書が作成、記録されない限りは違法であるという制度があっての騒動です。

米国紙『ウォール・ストリート・ジャーナル』は二〇一五年五月四日の記事「ヒラリー・クリントン氏の電子メール問題、知っておくべき五項目」で「米政府の文書は国民が所有するもの」として何が問題かを読者に伝えています。

「知る権利」を位置づけた「情報自由法」、「公文書」を適正に管理させる「連邦記録法」、国務大臣も含めて行政（大統領府）がそれらの法律を守っているかどうかを「行政監視」をする議会。その上で、政府文書は国民が所有するものだと解説をするジャーナリズムまでを含めて、眩《まぶ》しささえ感じます。どの国でも、一つの国がよい制度を作ると、他国も自分の国にも取り入れようと努力をします。日本はどのように海外で作られた優れた制度を取り入れてきたのでしょうか。

2　行政の活動をみんなで良いものにするための法律の現状

他国と比べると日本では、歴代内閣も国会も、国民を頼りにする仕組みを法律で確保する立法を怠ってきました。国民に監視されることを嫌がる官僚の抵抗に屈してきたとも言えます。また、欧米諸国よりも何十年も遅れてようやく立法を実現させても、大切なところが抜けている例が散見されます。いくつかの例を振り返ってみます。

国民参加の手続導入が遅れた「行政手続法」

米国に四十七年も遅れて一九九三年に成立した日本の「行政手続法」は、第一条でその目的を「行政運営における公正の確保と透明性」を向上することとしています。透明性とは「行政上の意思決定について、その内容及び過程が国民にとって明らかであること」だと書いてあります。

国会議事録を辿《たど》ると、日本の国会で「行政手続法」の存在が初めて認識されたのは一九五〇年です。一九六四年には草案もできましたが、国会には提出されずに終わりました。それから十九年が経った一九八三年に総理府行政管理庁（当時）に設けられた「行政手続法研究会」が要綱を発表しました。しかし、この時もまた提出されず、ようやく一九九三年にこの法律が成立したときには、一九八三年の要綱に入っていた重要な二つの条項が削られていました。一つは「行政立法」に関する手続、もう一つは公共事業の計画を作る時に国民の意見を反映する手続です。どちらも国民参加の手続です。

前者の手段は今で言うパブリックコメントです。行政立法とは、行政が作る立法で、一般には「政令」などと呼ばれています。憲法で言う「国会は唯一の立法機関」と矛盾しますが、「内閣法」という法律で、法律の範囲内なら行政が政令を作れる余地を残しています。国民に対して強制力を持つ政令を作るときに、その政令に国民の意見を取り入れて作ることにより、行政の独断を防ぐ制度です。ところが、日本の行政手続法は、最初にこの制度が欠けた形で成立しました。

二〇〇五年の改正で、ようやく「意見公募手続」として導入され、「パブコメ」と通称されるようになりました。行政が強制力を持つ「命令等」を定めるときに、その案や資料を公表して、期限を設けて意見を求め、提出された意見は十分に考慮して、それらを取り入れたかどうかの結果と理由を示さなければならない制度です。

しかし現状を見ると、法律で定められて仕方がないからやっているという姿勢が見え隠れします。中にはパブコメの締切を金曜日の夕方に設定し、週が明けてすぐの月曜日に案を決定すると発表した例もあります。最初から意見を反映する気がないことが明らかなスケジュールで、大批判を浴びました。

府省はパブコメ実施の知らせは、ウェブサイトへの掲載とマスコミへのプレスリリース程度しかしないので、ほとんどの国民はパブコメが行われていることを知らずに、パブコメ期間が終わります。また、「霞ヶ関文学《かすみがせき》」と揶揄《やゆ》されることがあるように、普通に読んでも、サッパリわからない場合が少なくありません。しっかり知らせて、しっかり意見を出してもらい、国民に主体的に関わってもらおうという姿勢が感じられないパブコメがほとんどです。こうした手続きの形骸化《けいがいか》は問題視され続けています。

また、もう一つの、公共事業の計画段階で国民の意見を反映する「計画策定手続」はついに消えたまま、改正で取り入れられることもなく、今日に至っています。

行政文書の範囲が狭い「情報公開法」

日本の「情報公開法」は自治体の制度に遅れて成立しました。国がなかなか導入しようとしない中、山形県金山町が一九八二年に日本初の情報公開制度を条例で成立させ、その後いくつもの自治体が条例を作ったあとで、国も一九九九年に追いつきました。

しかし、国民の「知る権利」という言葉を入れることに官僚たちは抵抗し、行政文書の公開を求める権利を意味する「開示請求権」を位置づけた上で、「行政文書」の範囲を狭く限定しました。以下三要件をすべて満たしたものだけを「行政文書」と見なし、それに当てはまらないと、「不存在（ありません）」とするという制度です。

①行政機関の職員が職務上作成、または取得したもの
②行政機関の職員が組織的に用いるもの
③行政機関が保有しているもの

その結果、職員が職務中に作成したメモでも、「個人的なメモだ。組織で共有はしていない」と言い張れば、行政文書として「不存在（ありません）」ということになったり、また、公開されると困るものは作成しなくなったりする矛盾が起きました。

実は、情報公開法とセットで導入されるべき制度に取りこぼしがあったことが、この事態を招いたと言えます。行政の活動を記録するために文書を作成し、保存、管理、廃棄するルールを決める「公文書管理法」です。行政文書は行政のものではない、国民のもの、「公《おおやけ》の、みんなの文書」であるという考えの下でなければ、情報公開法はうまく機能しなかったのです。「国民」（国会）が「政治」（調整）を通して決めたことを、行政

が適正にやっているかどうかを「指令塔」である国民には「知る権利」があるという認識とそれを裏付ける制度が必要だったのです。

公文書は民主主義を支える「国民共有の知的資源」

日本で「公文書管理法」が成立したのは、米国に五十九年遅れた二〇〇九年でした。これは、米国の国立公文書館の充実ぶりに強く感心した経験を持つ福田《ふくだ》康夫《やすお》内閣官房長官（当時。その後、首相）の主導で検討が始まり、野党側が出した対案からよい提案を少しだけ聞き入れて修正の上、成立した法律です。

行政の活動や歴史的事実の記録を「公文書」として位置づけて、第一条の目的で、公文書は「健全な民主主義の根幹を支える国民共有の知的資源」であると謳《うた》いました。この言い回しが内閣提出法案として出されたものにはなく、野党の修正要求に与党も応じて加わった文言です。ようやく情報公開法の土台とも言うべき公文書管理法ができたわけですが、いまだに行政の活動を記録する「行政文書」の定義は狭いままです。取材経験から言えば、官僚であれ、閣僚であれ、行政文書を含む公文書が「国民共有の知的資源」であると思っていないことを実感することがしばしばあります。

公文書管理法が施行されたのは二〇一一年四月一日で、東京電力福島第一原発事故発生後間もない時期ですが、残念な経験をしたことを覚えています。原発事故処理の混乱の中で、大切な記録が行われない可能性があると危惧《きぐ》し、当時、東京電力の本店で毎日行われていた政府と東電の「統合本部」の会見（二〇一一年四月二十八日、第四回統合本部合同記者会見）で、会見を行っていた細野《ほその》豪志《ごうし》首相補佐官（当時）に次のように問いかけました。

「歴史的な事件だと思いますので、公文書管理法に基づいて関係資料をしっかり管理・保存していくことが必要になると思いますが、そのためには、まずきちんと文書をつくるということが必要だと思われます。リアルタイムでつくれない場合でも、メモ等でもしっかりと公文書として残して行くことが重要であるのではないかと思いますし、重要な会議においては、今はＩＣレコーダーというものがありますので、音で録音をしておいて、しっかりと意思決定の経緯を残しておくということが重要ではないか。重要でないかどころか、法律で求められているということについてのご認識を伺いたい」

これに対する細野首相補佐官の回答はこうでした。

「法律そのものは私も勿論《もちろん》存じ上げてはおりますが、今、この法律の解釈で、どういったものがいわゆる保存が義務付けられていて、どういったものの記録が義務付けられているか、そのことについてつまびらかな解釈を存じ上げません。（略）当然記録はできる限り残していくべきで、これは法律の解釈にかかわらずそう思いますので、そういった努力はしていきたいと思います」

ところが、その後、政府内部ではやはり、さまざまな文書が記録されていなかったことが明らかになっていきます。たとえば、二〇一一年十月から十二月にかけて行われていた「原発避難区域見直しに向けた関係閣僚会合の議事録（概要）等」を新聞記者が開示請求したところ「不存在」となりました。会見での指摘が役に立ちませんでした。重要性が認識されていたはずが、「記録」は行われなかったのです。

ちなみに、私が取材者として首相補佐官に文書作成と記録の重要性を指摘したこのやり取りのほうは、皮肉なことに「行政文書」として残っています。ＮＰＯ法人情報公開クリアリングハウス（理事長・三木由希子《みきゆきこ》さん）が、「福島原発事故情報公開アーカイブ

(http://www.archives311.org)」として原発事故に関連する公表されていない情報を情報公開請求により入手して収蔵・公開した中に、「①政府東電合同記者会見の議事録・資料(http://clearinghouse.main.jp/wp/?p=432)」としてはいっていました。

審議会公開は自主ルール

もう一つ、日本が導入し損ねている行政監視の制度があります。その政策形成過程で活用される審議会を公正なものとするための制度です。現在、日本にある審議会の公開ルールは、一九九九年に閣議決定された「審議会等の整理合理化に関する基本的計画」の中で定められた指針です。いわば自主ルールです。

これは当時、審議会が官僚の「隠れみの」になっていることや「縦割り行政」の象徴であることとの批判をかわすためにできたものです。「隠れみの」だと批判された理由の一つは、委員の多くが元官僚(天下り)だったからでした。退職後に元いた府省の仕事を受注する組織に再就職し、その組織の幹部の肩書きで委員となり、現役官僚と阿吽《あうん》の呼吸で、自分たちに都合のいい結論を出す仕組みとして利用されていました。

行政の側では「審議会」を第三者にも意見を聞く民主的なプロセスだと言いながら、非公開で開催したり、非公開を批判されると「透明性を確保するためにマスコミ委員がいる」と言い逃れたりしました。また、議事録をつくらず、要点しか明らかにしなかったり、議事録を作成するのが遅かったり、発言者名を隠したりするので、誰《だれ》が何を発言したからどのような結論が出たのかが分からず、報道もされずという状態なので、「官僚による官僚のための官僚の審議会」だと批判されたのです。

一九九九年に閣議決定された指針は、審議会の数を整理したり、審議の公開や天下り委員の抑制を求めたり、国民や有識者の意見を聴くに当たっては公聴会や意見提出の手続を活用することなどを求めたものでした。

その後、中には改革を進めた府省もありますが、一方で、審議会の下に分科会や小委員会を設けて「審議会ではない」と強弁して天下りを座長に任命したり、「有識者会議」を設けて非公開で重要な政策を決定したり、天下りがいる公益法人の理事に就任し、いわば天下りと同じ穴のムジナのような学者を委員に起用したり、大学教授になった元官僚を委員にしたり、業界から多額の研究費をもらっている学者を起用したりと、実質的に何も変わっていない現実もあります。

国が悪用した国民のための「行政不服審査法」

行政が恣意的な判断や不当な判断をした場合に不服を申し立てて、行政内部でどちらの言い分が正しいか確かめてもらう制度が「行政不服審査法」です。

その目的を簡単にいうと、行政が何かマズイ仕事を行ったときに、裁判を起こすのは大変なので、行政内部で苦情を受け付けて迅速に解決をしましょうということです。

この法律の第一条の目的では、「行政庁の違法又は不当な処分その他公権力の行使に当たる行為に関し、国民に対して広く行政庁に対する不服申立てのみちを開く」ことだと書いてあります。

ところが、二〇一五年にビックリする事件が起きました。「公権力」を持っている「行政庁」が違法または不当なことを行った場合に、「国民に対して広く行政庁に対する不服申立て」ができるようにした法律であるにもかかわらず、公権力を持っている当の国がこの制度を濫用する事件が起きました。

米軍基地を巡る辺野古《へのこ》埋立について沖縄県知事が行った判断（海の埋立許可の取消）について、国（防衛省の沖縄防衛局）がその翌日に、待ち構えていたように埋立の制度を所管する国土交通大臣に不服（審査請求）を申し立てて、その取消の停止を求めたのです。二〇一五年十月十四日のことでした。

これには行政法学者有志が、国の行政機関が「私人」になりすますとは何事かと驚いて、同月二十三日に国のやり方は、「国民の権利救済制度である行政不服審査制度を濫用するものであって、じつに不公正であり、法治国家に悖《もと》る」と厳しく断じました。

ところが、国土交通大臣は批判に耳を貸さず、同月二十七日に取消の停止を決めた上に、安倍内閣は、国が県知事に代わって知事の判断を取消す「代執行」を行うと決定しました。「代執行訴訟」を起された裁判所は二〇一六年三月に「沖縄対日本政府という対立」を「反省すべき」として和解を勧告し、同年五月現在、両者が協議を行っています。

国は間違った使い方をしましたが、本来は、国民が公権力の濫用を正すための制度が行政不服審査法です。

行政を裁判所に訴えるための「行政事件訴訟法」

行政機関の判断に納得がいかない場合は、司法に訴えることもできます。そのためにできた仕組みが「行政事件訴訟法」です。行政を被告にして裁判が起こせる制度です。

ただし、この制度にも不完全なところがあります。自分が行政によって不利益を受けたから起こせる行政訴訟と、自分は不利益を受けたわけではないけれど行政の不当な行為を正す目的で「公益」（みんな）のために起こせる行政訴訟の二つがありますが、その二つのうち、日本では後者の制度が、現在に至るまで不十分なのです。

後者は「民衆訴訟」と呼ばれていて、この制度を使うためには、別の法律を作ってそのやり方を決めるようにと「行政事件訴訟法」に書かれています。しかし、これに当てはまる法律がとても少ないのが現実です。

たとえば自治体が税金の無駄使いをしていると思った時に裁判を起こせる制度が地方自治法に書き込まれています。ところが、国の無駄使いに対して裁判を起こせる制度はありません。この民衆訴訟については第五章でもう少し詳しく述べることにします。

ここまでに、行政手続法、情報公開法、公文書管理法、審議会に関する法律がないこと、行政不服審査法、行政事件訴訟法について、現状を述べてきました。このような主権者である国民の意見を反映させたり、国民が参加して行政裁量の行き過ぎをコントロールする仕組みは、立法を通してしか、充実させていくことはできません。それができるのは国会だけです。行政は、自分の権力や裁量を縛るルールを自らは作りたがらないからです。作ろうと思えば、審議会を開いて内閣提出法案をいつでも準備できます。それでも行政手続法も情報公開法も、他国から約半世紀も遅れたことがそれを物語っています。

だからと言って、遅れた不十分な制度が整うまでの間、国民は何もできないわけではありません。第二章で紹介した「議員に面会して「議員立法」を提案する」の方法を応用すれば、議員を通してさまざまなアクションが可能です。

3 国会の監視機能をどう使うか

委員会質問と質問主意書の依頼

国会議員たちには法案審査とは別に、一般質疑といって、政策全般について政府に対して所属委員会で質問をする機会があります。ですから、環境政策なら環境委員会、医療問題なら厚生労働委員会といったように政策分野別の委員会での質問を、衆議院議員にでも参議院議員にでも依頼できます。また、衆参の予算委員会や衆議院の決算行政監視委員会、参議院の決算委員会や行政監視委員会であれば、予算や決算に限らず、あらゆる分野の政策や事業について質問を依頼することができます。

さらに地元選出の議員に質問を依頼する際に、その委員がたとえば「総務委員会所属」で、質問をしてもらいたい政策が「文部科学委員会」の政策である場合は、「差し替え」といって、その日だけ別の同じ政党の委員と役割を交換してもらって質問に立つことも可能です。

行政が法律に基づいてすべきことに対処していない、または、法律にも書いていないことを勝手にやっている、法律を濫用している、社会の実態に合わない法律が改正も廃止もされずに放置されて税金が無駄に使われている、審議会で大臣が諮問したことが実情とずれているなど、現実に起きている問題に気づいたら、議員に質問依頼に行きましょう。

行政に対して問題を認識させ、是正を求めるためです。国会議員の仕事は「国会」を通して民意を国の活動に反映させることだからです。第二章で書いた議員立法を試みる上でも重要なことです。つまり、

「①問題に対処できる法律がない」なら、そのことを認識させ、所管省や所管大臣としてどうするのか、判断を迫る。

「②法律はあるが、古くて社会の実態や国民の意識やニーズに合っていない」なら、そのことを認識させ、所管省や所管大臣としてどうするのか、判断を迫る。

「③法律はあるが、きちんと運用されていない」なら、そのことを認識させ、所管省や所管大臣としてどうするのか、判断を迫る。

「④法律自体が憲法に照らして問題がある」なら、そのことを認識させ、所管省や所管

大臣としてどうするのか、判断を迫る。

認識しているかどうかを大臣や官僚に尋ねる→していなければどのような実態かを提起する→それについて、行政として実態をいつまでに把握し、いつまでにどのように解決するかを質《ただ》す、という順番で政府とそれを率いる内閣としての判断を求めるのです。

政府・内閣側がその提起を受けて問題を認識すれば、それを「立法事実」（立法の必要性の根拠となるような事実）として、行政の政策決定プロセス（審議会など）に載せたり、今ある法律の運用改善を行政内部に大臣が命じることにつながります。

また、もしも問題を把握しようとしない、または見て見ぬ振りをする場合は、繰り返し追及しなければならない場合もありますし、野党側で議員立法で提案する必要性も見えてきます。

他にもさまざまなケースが考えられますが、こうしたことが国会による行政監視の機能です。議員が持っているこのような機能を活用すべく、国民は誰でも、議員に対して問題を提起することができます。

国会の会期中であれば、「質問主意書」というやり方も活用できます。これは、議員が衆議院または参議院議長を通じて、文書によって内閣総理大臣に質問を提出し、内閣総理大臣名で政府の公式な見解（答弁）を文書で答えさせる方法です。政府の答弁書は閣議決定されます。「再質問」、「再々質問」の形で同じテーマで問題を追及していくことも可能です。

国会議員は物知りなわけではない

ただし、委員会質問や質問主意書の依頼や、ましてや議員立法の依頼に行くにあたっては、ひとりの議員がどのテーマでも適正に処理できる能力があるわけではないと覚えておきましょう。「国会議員」と接したことがない人にとっては、雲の上のような、なんでも知っている存在に思えるかもしれませんが、大半はごく普通の人々です。あなたが依頼に行く内容については、相手の国会議員は、知識がゼロかもしれないと思って、一緒に勉強をするつもりで誠実に簡略に話を始めることが大切です。

本当にいろいろな議員がいるので、時々ビックリ仰天することも起きます。政策秘書としての仕事を経て、私はジャーナリストになりましたが、あるテーマで東京大学の大学院を出た議員に取材をしていたときのこと、何気なく「行政監視は国会の重要な役割ですから」と言ったら、「え？　行政監視は国会の役割ではありませんよ」と言うので絶句したことがあります。国会議員のなかには、「国会議員でいること」が仕事だと勘違いしている人や、実際のところ「国会議員でいること」以外に大した仕事をしていない人がいます。この議員の場合は、自分が議席を得ることによって自分が所属する政党が国会で多数派を成し、政権を取ることが自分の役割だと思っていたようです。「いや、予算審議、立法に加えて、行政監視もですよ。三権分立ですよ。作った法律に沿って行政がきちんと仕事をしているか、監視するのは国会の仕事ですよ」と言い返すと、ムニャムニャ言っていました。その方は、次の選挙で落選しました。

確かに、三つの仕事のうち「行政監視」は、唯一、憲法には書いてありませんので、まじめに憲法を読む秀才だったのかもしれませんが、小学生が知っていることを忘れてしまう国会議員もいたのです。

憲法に反する法律を多数決で通す議員がいる現状を思えば、国会議員の資質は国会がはらむ問題の氷山の一角であり、議員を選挙で選ぶ国民の役割の重大さを表しています。

行政への説明要請、公開ヒアリング

議員が持っている機能はさまざまありますが、その一つとして、特定の事案について行政に対して関係資料を要求したり、議員会館に担当者を呼んで説明を受けることができます。これを応用して、議員の協力を得られれば、行政に対して直接、問題を提起する場づくりをすることも可能です。議員室で少人数でヒアリングを行うことや、議員会館の会議室を借りて公開ヒアリングの形でそれを行ったり、そこに、不特定多数の国会議員や一般市民、記者などの参加を呼びかけて行うことも可能です。

問題に詳しい専門家や現場の住民を招き、行政の説明と並び比べることなどにより、問題や争点を浮き彫りにすることも可能です。テーマ、目的、日時、場所、講師、構成案などをチラシ風に作成して、このような場の設定を、具体的に議員に依頼しましょう。

こうした説明要請や公開ヒアリングは国会会期中でなくても可能です。国会の行政監視機能をさまざまに活用して、国民としての参加能力を高めましょう。

憲法に基づく請願とその扱い

もう一つ伝統的な手法があります。憲法第十六条に基づく請願です。

誰でも、法律や命令、規則の制定や廃止、その他について、請願する権利を持っています。請願書を正式に国会に提出する時には「紹介議員」が必要です。請願署名といって、多くの人の署名を集めてもっていくことも、たった一人で出すこともできます。

なお、国会（衆議院議長または参議院議長あて）に提出された意見書や請願は、議員事務所を通じて、国会事務局に提出され、衆議院議長または参議院議長から、関係委員会に付託されます。

その後、委員会の事務局である「委員部」の職員が、筆頭理事や委員長の事務所に足を運んで、採択するかどうかを、意見を別々に聞いて前処理をします。

与野党で所属委員たちが一致して賛成したものは委員会で「採択」とされますが、意見が一致せず、採択されなかったものについては、「保留」になったり、「審議未了」となりお蔵入りしてしまいます。

たとえば、「即時原発ゼロを求めることに関する請願」、「消費税率を五パーセントに戻し、増税中止を求めることに関する請願」、「立憲主義の原則を堅持し、憲法九条を守り、生かすことに関する請願」など、時の与党の方針と異なるものは、請願が出されたことは国会議事録に記録され、タイトルだけはウェブサイトで見ることができますが、審議されることなく、永遠に「審議未了」です。

請願を活用して国会質問を行っている議員もいますが、ほとんどの場合、事務的に「処理」されるだけで、どのような理由で採択され、どのような理由で採択されないのかはまったく明らかにされません。これは意見を反映しないときに、理由を明らかにしなければならない「行政手続法」よりも非民主的な扱いであり、憲法で与えられた請願の権利の扱いには改善が必要です。

自治体の議会を通して、国に声を届けることもできます。自治体の議会は、地方自治法第九十九条に基づいて、自治体の公益に関することについて「意見書」を国会や府省に提出することができます。

日本で自治体の役割は、国会以上に軽視されている側面がありますが、政策、予算、税制のどれをとっても国と自治体は対等であると同時に、相互依存関係にあります。

国に意見書を出して欲しいという請願を自治体に行うことで、自分の考えと、自治体と国会を、一つの線で結んで行政を動かそうという活動を試みている人もいます。

行政の活動をより良くするための国会の監視機能をどう活用し、どう参加できるかは、あなたの創意工夫でまだまださまざまな方法があるはずです。

第五章

裁判所の使い勝手を良くする

1 司法を誰が変えられるのか

裁判はなぜテレビ中継されないのか

裁判の報道をテレビで見たことがあるでしょうか。裁判開始一分前の様子が、静止画像のように映し出されます。三人の裁判官が高い法壇に真正面を向いて座り、柵《さく》があってその外側に傍聴者が立っている様子です。裁判が始まってからの様子は、犯人の似顔絵入りの模写と決まっています。

裁判の報道とはそういうものだと思い込んでいる人がほとんどだと思いますが、実はテレビ中継や写真撮影が法律で禁止されているわけではありません。裁判所の規則で制限されているだけです。

たとえば「民事訴訟規則」では次のように記されています。

「(法廷における写真の撮影等の制限)

第七十七条　法廷における写真の撮影、速記、録音、録画又は放送は、裁判長の許可を得なければすることができない」

刑事訴訟規則も同様です。逆に言えば、裁判長の許可を得れば、撮影も録音も録画の放送も中継も可能なのです。

そこで、裁判の取材にいった機会に、裁判長の許可をどのようにしたら得られるのか尋ねたことがあります。すると、どの裁判か、理由や活動内容を書いて書面で許可願いを出すよう言われ、「写真と動画撮影および録音の許可願い」を書いて出したことがあります。

許可願いを出したのは東京地方裁判所八百三号法廷で二〇一四年六月二十日、十三時半に開廷される「江戸川スーパー堤防事業江戸川仮換地《かりかんち》処分取消請求事件」で、宛名《あてな》は民事三十八部の谷口豊裁判長でした。

撮影不許可、理由なし

二〇一四年四月八日に許可願いを提出しましたが、六月三日にやっと電話で「不許可」の回答がありました。理由を尋ねると、「詳しい理由はお答えしていません。裁判体として申請に対する判断を行いました」というのです。その「サイバンタイ」の判断基準を教えて欲しいと食い下がると、「申請に対する裁判体としての判断です」と木で鼻をくったような回答です。

憲法第八十二条には「裁判の対審及び判決は、公開法廷でこれを行ふ」とありますから、本来なら、特に行政訴訟であれば、国会中継と同じぐらいに公開してもいいぐらいです。

ところが、許可が欲しければ書面で出せという一方で、裁判所は、理由も言わずに電話一本で「不許可」という傲慢《ごうまん》な姿勢です。

繰り返し書きますが、行政には行政手続法が諸外国に遅ればせながらもできて、行政が判断をするときにはそこにはなんらかの理由をつけなければならないとされました。ところが国会でも国民が憲法に基づく請願を行っても、採択でも不採択でもその理由を明らかにしません。そして裁判所もまた、写真の撮影、速記、録音、録画又は放送を「裁判長の許可を得なければすることができない」と規則を作っておいて、その規則に従って許可願いを出しているのに、それを退ける理由すら言わないのです。

普段、何かと批判されることが多いのが行政ですが、この点については、国会と裁判所の方が行政よりも制度作りが遅れています。

一人のアメリカ人が傍聴席でのメモを可能にした

さらに言えば、日本の裁判所は一九八〇年代まで、傍聴人にメモを取ることすら禁止していました。それを変えたのは一人のアメリカ人でした。ローレンス・レペタさんです。一九八〇年代に来日し、裁判所の傍聴席でメモをとってはいけないことに仰天し、許可願いを出しましたが、理由もなく断られて、裁判所に裁判を起こしました。

表現の自由が書かれた憲法二十一条と、裁判は公開で行われることを定めた憲法八十二条を盾に、裁判所の情報は国民のものだ、知ることは国民の権利だと七年をかけて訴え、一九八九年についに最高裁で「特段の事由がない限り傍聴人の自由に任せるべき」との判決を取りました。その後、日本中の裁判所からメモ禁止の表示がなくなりました。

ところが、その裁判から年月が経ち、レペタさんの裁判のことが判例六法に掲載され、レペタさんは再び驚きます。憲法八十二条（公開裁判の保障）のところに、「傍聴人に対して法廷でメモを取ることを権利として保障しているものでもない」と記されていたのです。

あなたがただ一人でも司法が守る「法の支配」

前置きが長くなりましたが、裁判所は、三権分立の考え方から言えば、行政と立法の権力の暴走を抑止し、国民の基本的人権を守るために力を発揮することができる存在です。

さらに、憲法第十一条は「この憲法が国民に保障する基本的人権は、侵すことのできない永久の権利として、現在及び将来の国民に与へられる」とし、第十二条で「この憲法が国民に保障する自由及び権利は、国民の不断の努力によつて、これを保持しなければならない」とされています。

もしも、基本的人権や、自由と人権が侵害されたと思った人は、自ら司法を使って救済を求めることができます。

すべての人は法の下では平等であり、もしもあなたの尊厳が守られないのであれば、あなたがたった一人でも司法があなたを守ります。それが「法の支配」です。

これは、法務省に設けられた審議会が二〇〇一年に出した「司法制度改革審議会意見書　二十一世紀の日本を支える司法制度」に「司法の役割」として書き付けられた言葉で、インターネット上で読めます。正確には次のような言葉です。少し長くて難しい言葉も使われていますが、そのまま抜き書きしてみましょう。

「法の下ではいかなる者も平等・対等であるという法の支配の理念は、すべての国民を平等・対等の地位に置き、公平な第三者が適正な手続を経て公正かつ透明な法的ルール・原理に基づいて判断を示すという司法の在り方において最も顕著に現れていると言える。

それは、ただ一人の声であっても、真摯《しんし》に語られる正義の言葉には、真剣に耳が傾けられなければならず、そのことは、我々国民一人ひとりにとって、かけがえのない人生を懸命に生きる一個の人間としての尊厳と誇りに関わる問題であるという憲法の最も基礎的原理である個人の尊重原理に直接つらなるものである」

司法制度改革は、行政改革や政治改革に遅れて一九九〇年代後半にようやく始まりました。一九九九年の国会で、「司法制度改革審議会設置法」が成立し、この審議会は二年間で六十回を超える審議の末に、この意見書を発表しました。

提言の柱は、司法制度を利用しやすくすること、法曹（弁護士、裁判官、検察官）を増やすこと、そして、国民参加の制度を導入することなどでした。

なかでも改革の必要性が強調されたのは「立法・行政に対する司法のチェック機能」でした。つまり、三権分立の基本です。

この意見書を踏まえて、二〇〇四年十二月までに、二十四本もの法律案が国会で成立しました。その後も司法改革は続いています。

2 司法の現実

行政訴訟にも取り入れ可能なはずの「裁判員裁判制度」

しかし、蓋《ふた》を開けて見ると、今日までに目立った改革と言えば、「立法・行政に対する司法のチェック機能」ではなく、刑事訴訟に関する仕組みでした。それは次のようなものでした。

刑事訴訟は、警察や検察官が容疑者を逮捕して、有罪の疑いがあると判断した場合に行われる裁判です。

制度改革の一つ目は、冤罪《えんざい》防止のための「取り調べの可視化」です。警察や検察が疑いのある人を逮捕した場合、本来なら、警察は逮捕から四十八時間以内に、容疑者を検察官に引き渡し、検察官は逮捕から七十二時間以内に捜査を終えて釈放するか、裁判所に起訴するか、裁判所に許可を得て引き続き拘束して捜査を続けるか判断しなければなりません。しかし実際には、最大で二十三日間もの長期間、拘束して自白が強要されるなど問題が指摘されてきました。そこで、取り調べを録音・録画して可視化する制度改正が提案されましたが、「全部」可視化ではなく、「一部」可視化となったので、それでは情報が取り調べ側の結論に合うように恣意的に切り取られて、冤罪防止にならないばかりか、冤罪を生み出すと強く批判されています。

二つ目は、検察審査会制度の改革です。検察審査会は、有権者からくじで選ばれた十一人の検察審査員で構成され、検察の判断に不服がある場合に、国民が誰でも検察の判断が正しかったかどうかを、再度捜査するよう申立てができる制度です。以前は、検察審査会が「起訴すべき」と議決をしても、その結論に拘束力はありませんでしたが、二〇〇九年の改正で、検察審査会の十一人のうち八人が二度「起訴すべきだ」と結論すれば、容疑者は強制的に裁判にかけられるようになりました。

この制度で注目された事件には、福島第一原発事故で東京電力の旧経営陣三人が強制起訴された一件があります。事故の被害住民らが、原発がメルトダウンする重大事故が起きることを防止する注意義務を怠って被害が広がったとして、福島や東京の検察に東電や政府関係者数十名を告訴した事件です。東京地検は二〇一三年九月に、告訴された全員を起訴しない決定を下しましたが、告訴団が検察審査会に申立をして、検察審査会は二〇一四年七月と二〇一五年七月の二度、「起訴相当」と議決したので、三人が強制起訴されました。この時の改革がなければ起訴はありませんでした。

三つ目は裁判員裁判制度です。国民から選ばれた六人の裁判員と三人の裁判官が一緒に有罪と無罪、刑の内容を決める制度です。二〇〇二年五月に「裁判員の参加する刑事裁判に関する法律」が国会で成立し、二〇〇九年五月から運用されています。

取り調べの可視化や検察審査会の制度は、行政訴訟に取り入れることはできませんが、裁判員裁判制度なら取り入れることは可能です。しかし、行政の判断の誤りを国民が訴える行政訴訟に一般の国民が参加する制度は取り入れられていません。

裁判官が国の弁護士になる人事交流

取り入れられるはずの改革が刑事裁判にだけ取り入れられ、行政裁判には取り入れられない例は他にもあります。それが「判検交流」です。

判検交流とは、「判事（裁判官の別名）」と「検察」の間で行われる人事交流のことです。これについては主に二つの問題が指摘されていました。

一つは、裁判官が行政（法務省）に行って、国民に訴えられた被告としての「国」の「弁護士」になる交流人事です。裁判官が国を弁護する経験を持つことで身内意識が生まれ、行政訴訟で住民が勝ちにくい背景の一つであると批判されています。

もう一つは、裁判官が検察庁へ行き、「検察官」となって容疑者を捜査したり裁判で追及する人事交流です。その結果、容疑者よりも同僚である検察官を信じる身内意識が生まれると指摘されています。これは、日本の刑事事件の有罪率が諸外国と比べて高い背景として語られます。二〇一二年度から二〇一四年度までの司法統計を調べると各年とも有罪率は九八パーセントです。

この二つはどちらも、長年、問題視され、二〇一二年度以降に改革が試みられました。裁判官が「検察官」になる人事は禁止されましたが、裁判官が国の「弁護士」になる人事は禁止されませんでした。その結果、行政に甘い「司法改革」となりました。

諸外国に遅れを取る民衆訴訟の充実

諸外国では、裁判を起こせる機会と、原告になる資格(「原告適格」と呼ばれます)の幅を広げる工夫が行われてきました。

たとえば、米国では、開発事業による環境影響を回避、軽減などする手続において、関係者の意見を聞く「国家環境政策法」の手続で投じた意見の扱いが「独断的または恣意的」に運用された場合は、行政手続法に基づいて、異議申立や裁判を起こすことを可能にしました。国家環境政策法は裁判とその判例で形作られた制度だと、米国連邦環境局職員に教えてもらったことがあります。

また、「市民訴訟条項」といって、誰でも環境を理由として裁判を起こせる制度があります。最初に市民訴訟条項が導入されたのは一九七〇年の「大気汚染防止法」だと言われています。大気汚染防止法に繰り返し違反している証拠があれば、誰であれその事業を止めるよう、裁判所に判断を求めることができる制度です。この背景には、環境行政がまだ発達していない時代で人材も不足しており、国民の力を借りてこれを補うという発想があったと言います。

ヨーロッパ諸国でも、「団体訴権」と言って、国が認定する環境保護団体が環境法を根拠として訴訟を起こせる権利を獲得しています。一九七〇年代から環境を守るための訴訟が増え、たとえばフランスでの勝訴率は五〇パーセント以上だと、二〇〇九年三月に環境省が開いた第七回「環境影響評価制度総合研究会」で大久保《おおくぼ》規子《のりこ》・大阪《おおさか》大学教授が報告しています。

一九九八年に締結されたオーフス条約は、その正式名称を「環境に関する、情報へのアクセス、意思決定における市民参画、司法へのアクセス条約」と言い、加盟国は、国民に対して、情報、意思決定、司法へのアクセス権を保障しなければなりません。国民の権利と訴訟は切っても切れないのです。それは決して裁判をたくさん起こすことが目的なのではありません。裁判に訴えられては困るので、法に適った仕事をしようとする抑止効果が大きいと考えられています。

米国の市民訴訟条項も、欧州の団体訴権も、自分が不利益を受けたわけではなくても「公益」のために司法の力を借りる制度であり、第四章の「行政事件訴訟法」で書いた「民衆訴訟」と同様の考え方です。日本がこうした制度を取り入れるのはこれからです。

国民の権利を定めた法律の出現

そんな中にあって、国民の権利を法律に挿入した画期的な法律も出現しました。消費者の権利を定めた「消費者基本法」です。

消費者基本法は、一九六八年に「消費者保護基本法」として議員立法で作られました。提案の趣旨が、国会の中で以下のように説明されました。

「アメリカのケネディ大統領が、議会に送った消費者利益保護に関する教書の中で、有名な消費者の四つの権利を宣言いたしました。安全である権利、知らされる権利、選択できる権利、意思が反映される権利の四つがこれであります。消費者がこのような権利を持つことは、わが国においても全く同様でありまして（略）。この際、国民生活優先という姿勢をはっきりと打ち出して、国、地方公共団体の消費者行政が統一的効果的に行なわれるようにすることが必要であります」（一九六八年四月十五日、衆議院物価問題等に関する特別委員会）

それから三十六年が経過した二〇〇四年に「消費者基本法」と名前を変えて改正された時に、法律の理念にやっと「消費者の権利」という言葉が入りました。

その後、二〇〇〇年制定の「消費者契約法」が二〇〇六年に改正され、「消費者団体訴訟」という制度が加わりました。これは、被害を受けた消費者に代わって消費者団体が訴訟を起こし、その結果がみんなに還元される制度です。

このように民衆訴訟が行えるようにする立法は、他の分野でも期待されています。

実は、一九六二年に日本の国会で「行政事件訴訟法案」が審査された際、司法大臣を務めたこともある鈴木義男衆議院議員が、日本は、ドイツやアメリカなどに比べて行政事件の件数が著しく少ないと述べて、その原因の一つを次のように提起しています。

「自己の利益のためでなく公益のために訴えを起こす、たとえば民衆訴訟のようなものにありましては、時間と金がそうかかるのでは、だれでもしり込みをしてしまうわけでありまして、正義は少しも行なわれないということになるのであります」（一九六二年二月六日、衆議院本会議）

また、フランスでどのように裁判が行われているかのエピソードを続けて紹介しています。

「フランスにおいて、婦人郵便配達人――フランスでは大体郵便配達は婦人でありますが、人間にかみつくおそれのある猛犬を飼っている家へ、郵便を玄関まで持っていくことができない。そこで猛犬を鎖につないでおかない家には、郵便物を遠く門のさくのところに置いていってよろしいという新判例を得るために、一人の婦人配達人が勇敢に戦ったのであります」

どこか牧歌的な風景が思い浮かびますが、裁判で自分だけが利益を得るのではなく、郵便配達をするすべての人が助かる判決を勝ち取ろうとした例で民衆訴訟の大切さを提起したのです。残念ながらこの時の提起はまだ十分に生かされていません。このように、裁判とは本来、より生きやすい社会のあり方を作るためにも行われるものです。

日本ではしかし、行政訴訟と言えば、ほぼ必ず、国が勝つと思われています。国を被告とした裁判で、訴えた国民が容易に勝訴できた事件は一つもありません。

原爆症の認定を巡る裁判、水俣病《みなまたびょう》や新潟水俣病などの公害訴訟、米軍・自衛隊基地の騒音などを巡る訴訟、アスベスト訴訟、C型肝炎訴訟、B型肝炎訴訟など、これらの事件の中には、国が敗訴したケースもありますが、どれも極端に困難を極め、また、企業が敗訴しても、国が責任を免れたケースは珍しくありません。

一方、公共事業や計画を巡る裁判でも、これまでにたくさんの訴訟が試みられてきましたが、裁判を起こせる仕組みが乏しいと批判されてきました。公共事業の計画段階では、それを訴訟の対象にする仕組みが欠けているのです。実は、その仕組みのひとつが、第四章で紹介した行政手続法の要綱から削られた条文です。つまり、行政訴訟を起こしにくい形で成立したのが日本の行政手続法です。

その結果、行政が行う公共事業を止めようと裁判を起こそうとしても、その仕組みが極端に限られています。先述したアメリカの行政手続法は、公共事業などの根拠法に基づき計画段階で誰であっても意見を言うことを可能にし、その意見に対する行政の判断が「独断的または恣意的」だと考えられれば、それに対する不服申立や裁判が可能です。ところが、日本では、計画段階で必要性を問う裁判や環境破壊を止めるための裁判を起こそうと思っても、その法的な根拠がなく、虚しく「反対！」と叫ぶしかありません。

行政は「反対！」と言われても耳を傾けずに工事を開始し、最後にどうしても事業用地を持っている地権者が立ち退きに同意しない段階になって、「土地収用法」という法律を使って強制的に立ち退かそうとします。

憲法第二十九条では「財産権は、これを侵してはならない」、「私有財産は、正当な補償の下に、これを公共のために用ひることができる」となっており、土地収用法により、その公共事業が「公共のため」になるかどうかの認定（事業認定）が、この法律を所管している国土交通大臣によって行われますが、この認定を取り消す裁判なら起こすことが可能なのです。しかし、その間も工事はドンドン進められ、裁判が終わる頃には工事も終わっていることが少なくありません。

または住民として、地方公共団体の違法な支出を差し止める地方自治法に基づく住民訴訟が民衆訴訟のひとつの形として位置づけられましたが、どんなに無駄だと明らかな事業でも「行政の裁量」の範囲であるとの判決で、住民が常に敗訴してきました。

ダム事業の裁判では、裁判で住民が負けたあとになって、裁判中に住民が指摘していた通りに水が余って、一滴も使われない水に血税を注ぎ込み続けているケースなど、司法のチェック能力が行政に負けたと言うべきケースが散見されます。

このような行政に甘い司法制度を改革できるのは、立法府による議員立法しかありません。

憲法第七十七条は「最高裁判所は、訴訟に関する手続、弁護士、裁判所の内部規律及び司法事務処理に関する事項について、規則を定める権限を有する」と書かれています。しかし、これが国会による司法改革の妨げになってよいわけではありません。

国会にはやれることとすべきことが山積みですが、行政裁判の徹底した公開義務や裁判員裁判制度の導入や、裁判官が国の弁護士になる人事交流の禁止など、できるはずの司法改革がまだまったく試みられていない段階です。国会に代表を送る有権者の責任は多大です。私たちがまずそのことを知ることが、すべての始まりです。

立法に対するチェック機能

司法制度改革審議会が強調したもう一つ、「立法」に対するチェック機能はどうでしょうか。裁判所は、国会の行為も裁く立場にあります。

しかし、国会議員たちはそのことを軽視しています。一票の格差裁判で最高裁から何度も「違憲」「違憲状態」判決を受けながら、選挙区制度の改革を後回しにし続けています。法治国家の土台が崩れていると言っても過言ではありません。

国会が成立させた法律を裁判所が憲法に照らして判断することを、「違憲立法審査」と言いますが、日本の裁判所に対して起きている批判の一つは、「違憲判決が少ない」というものです。「違憲判決が少ない」ことについては、先述した司法制度改革審議会による意見書をはじめ、以下のような理由が指摘されてきました。

一つは内閣法制局の存在です。第二章で「内閣法制局」のことを「法の番人」と書きましたが、内閣法制局の審査が厳しいので、違法な立法が行われないという指摘です。

また一方で、長く続いた自民党の単独政権が、自分たちと考え方の合う裁判官を指名できたので、裁判官は事実上、自民党の代理人だったという指摘もあります。

さらに、日本の最高裁判所には、たくさんの事件が高等裁判所から送られてきて、違憲立法審査に専念できないからだ、との言い訳も聞かれます。

しかし、その根はもっと深いところにあるような気がしてなりません。そう思える理由は、「警察予備隊違憲訴訟」「伊達《だて》判決」「砂川《すながわ》判決」の存在です。

戦後の司法の黎明期《れいめいき》に違憲審査の判断を回避

「警察予備隊違憲訴訟」とは、社会党（当時）の鈴木茂三郎委員長が、一九五二年三月に最高裁判所に起こした裁判です。「警察予備隊」（自衛隊の前身）は戦力を保持することを禁じた憲法第九条第二項に違反する、だから戦力を持つという政府のすべての行為は無効だと訴えました。

それは、戦争に負けた日本と勝った国々とでサンフランシスコ平和条約を調印した翌年で、連合国による占領が終わってすぐのことでした。

今の憲法ができた後です。第八十一条には「最高裁判所は、一切の法律、命令、規則又は処分が憲法に適合するかしないかを決定する権限を有する終審裁判所である」と書いてありました。

ところが、最高裁判所の田中耕太郎《たなかこうたろう》長官ら全員が「本件訴《うったえ》を却下する」と門前払いしました。門前払いの理由は、不思議なことに、憲法に書かれていることとは逆の「憲法第八十一条の規定は最高裁判所に憲法裁判の特別権限を附与したものではない」というものでした。つまり、最高裁判所は、違憲かどうかを判断する権限を与えられていないというのです。判決文で辿《たど》っていくと、不思議な理屈が書いてあります。

簡単に言うと、他の国には違憲審査を行う特別な裁判所があり、憲法と照らして無効とする国がないわけではない。これらの国では普通の裁判所は違憲審査を行わない。これと比較すると日本には違憲審査を行う特別な裁判所があるわけではないから、最高裁判所には違憲審査の権限はない。具体的事件があってはじめて合憲性を判断できる、としたのです。

憲法第八十一条には「最高裁判所は、一切の法律、命令、規則又は処分が憲法に適合するかしないかを決定する権限を有する終審裁判所である」とハッキリ書いてあるのに、裁判官は、違憲審査を行っている海外では、特別な裁判所が存在するが、日本にはそれがないから判断する権限はないと言い切ってしまったのです。

日本の平和憲法を歪《ゆが》めた田中耕太郎最高裁判事

不思議なことに、この同じ田中耕太郎長官が、この次に持ち込まれた砂川事件ではまったく異なる判断を示しました。砂川事件は、米軍基地の拡張反対運動で、基地に立ち入った容疑で刑事特別法違反で逮捕された具体的な事件でした。

東京地方裁判所では、国際紛争を解決する手段としての一切の武力を放棄すると書いた憲法第九条に照らして、米軍の駐留は「違憲」だから、立ち入った罪もないと無罪を言い渡しました。この判決を出した裁判長の名前を取って「伊達判決」と呼ばれています。

ところがこの伊達判決は、当然次に控訴されるべき高裁を通り越して、最高裁判所に「跳躍上告」され、最高裁の田中耕太郎長官らがこれは「政治問題」であるとし、「違憲であるとしても」駐留している事実を尊重するという、現状追認判決を出したのでした。

司法の役割は国会の仕事をチェックすることであるにもかかわらず、警察予備隊違憲訴訟では、具体的事件を離れて抽象的に違憲審査はできないと判決し、砂川事件は具体的な事件だったにもかかわらず、判断を避けてしまったのです。

そのチグハグな判断の背景は、二〇〇八年四月以降になってから、公文書管理の法律がしっかりしている米国の国立公文書館で秘密指定が解除されて、日本の研究者たちの努力で明らかになりました。

一九五九年当時、当時のマッカーサー駐日米大使が最高裁の田中耕太郎長官と会って「跳躍上告」を勧めていたことが分かったのでした。また当時、米国大使館は、日本の外務省と自民党の情報源から、自民党と外務省は日米間の新安全保障条約の国会承認のタイミングを遅らせて、先に砂川事件の判決を出してから国会承認を得るという作戦を立て、それを米国に伝えていたことも明らかになったのです。そしてそれは実際に起きたことと一致していました。

日本は第二次世界大戦後の七年間は、戦勝国である連合国の占領を受けました。一九五一年にサンフランシスコ平和条約が結ばれ、翌年一九五二年から日本国民は主権を取り戻したはずでしたが、日本の司法はまだ占領されていたようです。

当時は、共産主義国と資本主義国の冷戦時代で、東西の冷戦が日本の司法に持ち込まれたと言っても過言ではありません。独立した主権国家の黎明期に、最高裁の長官が日米政府のスパイ（諜報部員《ちょうほうぶいん》）のように働いた事件でした。その後も違憲判決が少ないのは、この後ろ暗い過去が影響したと思うのは、考え過ぎでしょうか。

歴史に「もし」はありませんが、もし、このときに最高裁判事が田中耕太郎長官ではない、立憲主義を尊重する人物であったなら、伊達判決が確定し、米軍基地は今頃、日本にはなかったかもしれません。

3 国会でこそ提起できる司法制度改革

憲法第十二条は「この憲法が国民に保障する自由及び権利は、国民の不断の努力によつて、これを保持しなければならない」と、また第十三条は「すべて国民は、個人として尊重される。生命、自由及び幸福追求に対する国民の権利については、公共の福祉に反しない限り、立法その他の国政の上で、最大の尊重を必要とする」と定めています。

自由と権利が侵害されたと感じたら泣き寝入りしないことが第一歩です。裁判なんてどうしたらいいのか分からないという人のためには、役場や弁護士会が「法律相談」を受け付けています。初回の相談は役場なら無料の場合がほとんどで、各地にある弁護士会なら五千円が目安です。行政訴訟を起こそうとするといろいろ問題が見えてきて、司法制度改革の必要性をヒシヒシと感じることがあるはずです。

司法制度改革については衆議院と参議院の法務委員会所属の議員に対して提起しに行きましょう。

一つの例をあげます。二〇〇一年に司法制度改革審議会が「立法・行政に対する司法のチェック機能」についての改革の必要性を強調した時のことです。その時、私は小さな政党の政策秘書をしていたために、ありとあらゆる政策分野への提起が、自分が担当していた議員の政策分野以外についても舞い込む状態でした。その一つが、司法試験問題でした。試験科目から行政法が抜けるという問題を受けて、法務委員会所属の議員に質問案を託したことがあります。

提起してきた専門家は、もしも、司法試験の科目から行政法が消えてしまえば、学生は行政法を勉強するきっかけやモティベーションをなくしてしまう。そうなれば、やがて、行政法に詳しい弁護士や裁判官がいなくなり、司法が行政をチェックするという、司法にとって最も大切な役割を十分に果たせなくなり、行政のやりたい放題の国になるから、必須《ひっす》科目にこそすべきで、よもや選択科目からなくすべきではないというものでした。

調べると、確かに、その前年の二〇〇〇年から行政法は試験科目から消えていました。さらに遡《さかのぼ》ると、一九九九年に司法制度改革審議会設置法案が衆議院法務委員会で審議された際に、別の行政学者、戒能通厚《かいのうみちあつ》・名古屋大学教授が、参考人として呼ばれて同様の問題を提起していました。

二〇〇一年、「立法・行政に対する司法のチェック機能」の改革の必要性を強調した意見書を法務委員会で審議することになり、同教授が再び参考人として呼ばれ、質問を託した議員はその件を、たった一問の質疑ではありましたが提起をしてくれました。

その後、法科大学院のもとで新たな司法試験が二〇〇六年に始まったときに、試験科目の中に、再び「行政法」が位置づけられることになりました。

六年の空白期間があり、必ずしもその質問が功を奏したという確証は持てません。しかし、このように、国会の外にいて社会の実状を知る人が、議員本人や政策秘書経由で国会に問題を提起することにより、国会はそのつど、少しだけかもしれませんが、この国を多様な意見を取り入れた豊かな社会にしていく可能性を秘めています。そして、これは司法制度改革のことだけにとどまりません。

どんな候補者に投票をしたらよいのか迷ったときに、機会があれば、候補者に対して、どのような司法改革が必要かと尋ね、もしも、行政訴訟だという答えが返ってきたら、少なくとも、その候補者は、司法制度についてしっかりと勉強をしている、やる気のある議員だということが分かります。

どの分野でも構いません、一つの政策分野をとっかかりに、しっかりとコミュニケーションができる候補者や議員が一人でも見つかれば、あなたの政治参加はとても豊かになるはずです。

終章

政治はみんなのもの

第四の権力であるジャーナリズムの問題

国会、行政、裁判所が抱える問題と、国民が国会を通して何ができるかを書き連ねてきました。民主主義国家にはもう一つの権力があります。「第四の権力」とも言われるジャーナリズムです。

国会や行政や裁判所がいまだに発展途上の姿をさらしているのと同様、日本のジャーナリズムも多くの問題をかかえています。その一つが記者クラブだと批判されています。

もともとは、高い志があって設立されたものでした。記者クラブが最初に誕生したのは明治二十三年（一八九〇年）、十一月に帝国議会が召集された年でした。記者たちが、「議会出入記者団」を組織して、議会を取材させるよう求めたのが始まりだと、記者クラブの歴史を前坂俊之・静岡大学国際関係学部教授が『記者クラブ』（柏書房）という本でまとめています。

国立国会図書館が作った明治時代の帝国議会の頃《ころ》の会議録の検索システムで探してみると、明治二十三年十二月二十二日の衆議院予算委員会の議事録は、「記者至ル時既ニ討論最中ナリ」（記者が到着したときにはすでに討論の最中だった）という記録から始まっています。

第一回帝国議会から記者は、国会の取材をしていたのです。日本史上初の選挙が行われたのがその年の七月ですから、選挙と記者クラブは奇《く》しくも同い年です。

記者クラブ誕生から百二十年以上が過ぎた今の実態はどうでしょうか。記者クラブに属さないフリーランスのジャーナリストの立場から記しておきます。

国会を出入りする記者たちの多くは「番記者」と言って、特定の有力政治家や政党に張り付くようにして取材をしています。通常国会中は、一億二千万人の国民に大きな影響を与える法案がビュンビュン通過しているにもかかわらず、それは目にはいらないかのように、「政局記者」としてうごめいています。「政局」とは総理大臣が衆議院を解散するのはいつかとか、総理への辞任要求が与党の中から聞こえるといった話です。国会の活動を十分に監視できていません。政党の中で、選挙や政局を党内で担当するのが「幹事長」、政策を担当するのが「政策調査会長（政調会長）」ですが、政調会長会見においてすら、政策ではなく、政局についての質問が多く出ます。

裁判所にも司法記者クラブがあり、訴える側が記者会見を開くことが多いので、どちらかというと、被告側よりも原告側に近しい存在ではありますが、国を相手取った「権力」に対峙《たいじ》する行政訴訟報道は多いとは言えません。

府省の記者クラブでは、大臣や官僚に対し「幹事社」が一、二問、質問をしてから「あとはご自由に」というスタイルですが、出て来る報道は横ならびで提供された情報の垂れ流しが少なくありません。そうした記事は「大本営発表」と揶揄《やゆ》されますが、それは太平洋戦争のさなかに海軍（大本営）が都合のよい発表をして、記者クラブがその情報統制に加担したことから来ています。戦後、それを反省した日本新聞協会は、一時期、記者クラブを「親睦《しんぼく》社交の組織」と位置づけていました。それを「取材拠点」に変えたのは一九九七年で、それほど昔の話ではありません。

一つのテーマを国会と行政と司法のすべてで貫いて国家権力を監視できるのが報道機関のはずです。しかし、そのどれかひとつの「取材拠点」に常駐することで、国会は国会、行政は行政、司法は司法と、縦割りの細切れな取材体制になってしまっていて、端から見ていても首を傾《かし》げることがあります。

「平和安全法制」特別委員会のできごと

権力を監視しているという緊張感なしに、目の前の現象を右から左へと伝えるだけの縦割り報道が顕著に表れたのが、二〇一五年九月十七日、政権が「平和安全法制」と呼ぶ法案を審査した参議院の特別委員会の報道です。

その委員会直後に出された国会の議事録（未定稿）には次のような箇所が残っています。

○委員長（鴻池祥肇《こうのいけよしただ》君）……発言する者多く、議場騒然、聴取不能

〔委員長退席〕

午後四時三十六分

これだけを読んでも、一体何が起きたかわかりません。この「退席」の時に、日本放送協会（ＮＨＫ）のアナウンサーと解説者は、次のような実況中継をしていました。

アナウンサー　与党側の理事が席を立つよう促す様子が見えます。対して、民主党など野党側の激しい抗議などが続いています。……鴻池委員長が？　席を立ちましたでしょうか。……鴻池委員長、今、委員長席を立って、この委員会室から、退室します。これは田中さん、散会したということでしょうか。

解説者　そうですね、ま、詳しいことは、え〜わかりませんが、なんらかの、え〜、採決が、え〜、あって、え〜、それが今終わったというふうに見られます。

そのアナウンスの少し前には、手のひらを上にヒラヒラさせて合図を送る与党の筆頭理事、佐藤正久《さとうまさひさ》議員の姿と、起立する議員の姿が映っていました。

後に、この時起きていたのは、元自衛隊員だった佐藤筆頭理事がその日の朝に自民党の若手議員に指示しておこなった「作戦」だったことが分かりました。

議員たちは三グループに分かれ、①委員長を取り囲んで守る、②近寄ってきた野党議員をはね返す、③採決時に席に戻る、という作戦を展開しました。これをこの日の朝からシミュレーションしたというのです。スクープした産経新聞は、これは防衛大学で毎年行われる開校記念祭の「棒倒し競技」で使う作戦だったと書いています。

国会では、時折、与野党で合意がないままに与党が採決を強行する際、抗議の意思と「強行採決」の事実を残すため、野党が委員長に詰め寄って乱闘になります。

しかし、この時は逆で、正式名称「我が国及び国際社会の平和安全法制に関する特別委員会」の鴻池委員長に先に詰め寄っていたのは与党だったのです。

「人間かまくら」と大本営発表

作戦を指揮した佐藤議員と言えば「ヒゲの隊長」で知られています。二〇〇三年に始まったイラク戦争で、日本が戦後初めて戦争中の多国籍軍の後方支援に自衛隊を派遣した時、最初に隊長を務めた人です。国会での作戦は、後に「人間かまくら」と呼ばれるようになりましたが、ヒゲの隊長が、委員長に近寄った民主党（当時）の小西博之《こにしひろゆき》議員のほっぺたにカウンターパンチを食らわせた報道写真がネット上に躍りました。

九割以上の憲法学者が違憲だと批判し、国会前で昼夜を通すデモが行われた中、委員会の採決の記録が、「棒倒し競技」の作戦の成功により存在しない、という異様な歴史が残りました。本当にそんな作戦会議があったのか、佐藤議員に取材を申し込むと、秘書から「否定も肯定もしない」との返事と、多忙を理由に取材を断る回答が返ってきました。

一方、報道は見たままに「採決は確認できませんでした」「採決をした記録が存在しない」と事実を報じるべきところ、各報道機関とも、「採決」の大本営発表へと流されていきました。

イラク戦争を始めた理由である「大量破壊兵器」は存在しなかったことが思い出されます。後に米国のブッシュ大統領（当時）もイギリスのブレア首相（当時）も、情報が間違っていたことを認めました。ところが、そこに「後方支援」で加担した日本の小泉《こいずみ》純一郎《じゅんいちろう》首相（当時）は、「恐ろしい大量兵器、化学兵器あるいは生物兵器を何とか廃棄しなきゃならないという願いに、イラクが十分こたえてこなかったということに今回のイラクとの戦いの原因が私はあると思っております」（二〇〇三年三月二十四日参議院予算委員会）とイラクの責任にすり替えました。

特定の組織から組織へ、間違った情報が伝わったことで、多国籍軍で死者約五千人、イラク人死者約十五万人（WHO推計）が犠牲になりました。戦争は間違った情報や意図的な情報操作によって始まる歴史が繰り返されてきました。

憲法を踏み越えて、集団的自衛権を解釈で容認する法律の「採決」が、国会中継をしていたアナウンサーですら確認できなかったのに「採決」したと報道されたのは、歴史から学んでいない証左に思えます。

「権力を監視している」報道こそは、第四の権力として、事実と法の支配の上に立たなければと思わせられます。

政治はあなたの毎日の積み重ね

目まぐるしく変化する社会は、どのように愚かな繰り返しから自由になり、よりよい社会に向かっていけるのでしょうか。

二十年以上前ですが、ある日、スリランカの貧困層が清潔な水とトイレと教育を得られるよう活動していたアリ・アヤトネラさんという方に教わった話で、この本を締めくくりたいと思います。その日、アリさんの講演の終わりに、次のように質問をしました。「私の国は豊かです。でもどこかおかしい。変えたいけれど、私には力がありません。何者でもない。それでも、私には何ができるでしょうか」

今から考えれば青臭い質問ですが、彼は間髪を入れず「あなたに三つのEをあげましょう」と言いました。

Education：あなたの周りにいる人を教育すること。
Example：あなた自身がお手本となること。
Exercise：信じることをあなたの周りの人と実践すること。

学んだことを人々に伝えることは「教育」に似ています。学んだことをもとに、やった方がいいと思えることは、できる限りやってみることがお手本になるのだと信じています。学ぶことをやめないでいると、やがて「政治はみんなのもの」であり、学び合い、みんなで社会のあり方を決定することが民主主義だと分かるようになりました。

現在のそうなっていない社会を理想に近づけるには、最終的には、国会を「私益」ではなく「公益」のために使う人が増えて、国会が正常に機能し始めることが大切だと思うようになりました。行政の仕事の仕方も、裁判所の仕事の仕方も、すべては国会という開かれた場で話し合われることが大切です。

そのためには、選挙権や被選挙権を持っている人が、その自由と権利を無駄にしないで、この制度に参加して使うことからしか始まらないと思うようになりました。

そして、この本を通して見てもらったように、一票を投じたら終わりではありません。おかしなことが起きているなと思ったら、なぜかと問い、正しく知って、議員やメディアや、少なくとも周りにいる人たちに伝えることで、その不完全な一票は充実し始めます。

少しずつ、国会や行政や裁判所の使い方が分かっている一部の人だけが利益を得る社会から遠ざかり、「みんな」のための社会に近づくのです。政治はあなたが過ごす毎日の積み重ねです。

ちくまプリマー新書255

投票に行きたくなる国会の話

二〇一六年六月十日　初版第一刷発行

著者　政野淳子（まさの・あつこ）

装幀　クラフト・エヴィング商會

発行者　山野浩一

発行所　株式会社筑摩書房
東京都台東区蔵前二‐五‐三　〒一一一‐八七五五
振替〇〇一六〇‐八‐四一二三

印刷・製本　株式会社精興社

ISBN978-4-480-68962-7 C0231 Printed in Japan

乱丁・落丁本の場合は、左記宛にご送付ください。
送料小社負担でお取り替えいたします。
ご注文・お問い合わせも左記へお願いします。
〒三三一‐八五〇七　さいたま市北区櫛引町二‐六〇四
筑摩書房サービスセンター　電話〇四八‐六五一‐〇〇五三